COLLECTION POÉSIE

E.C.I.A.–CHAPTER II

CHARLES BAUDELAIRE

Les Fleurs du Mal

ÉDITION DE 1861

*Texte présenté,
établi et annoté
par Claude Pichois*

Professeur à l'Université de Paris III

GALLIMARD

INTRODUCTION

Que dire des Fleurs du Mal *après les milliers d'études — de l'opinion qui tient en une phrase jusqu'aux plus lourds in-octavo — qui leur ont été consacrés ? Ce mince recueil, dont, plusieurs fois, dans ses lettres à Poulet-Malassis, Baudelaire craint qu'il ne ressemble trop à une plaquette, ne risque-t-il pas d'être étouffé sous la littérature critique qui ne cesse de croître, proposant les interprétations les plus diverses empruntées aux techniques les plus variées ?*

Dans un mouvement d'impatience bien baudelairien, et à propos des cérémonies du centenaire, Pierre Jean Jouve déclarait : « Les Fleurs du Mal *n'ont pas cent ans. »* Certes. Pour ceux qui savent et sauront les lire, elles n'auront jamais cent ans ou cent vingt ans. Mais après toutes ces tentatives d'élucidation, il est bon de les replacer dans leur époque, de montrer comment elles sont nées, pour mettre en lumière la possible insertion du génie dans l'histoire.*

★

Le jeune Baudelaire dut se croire d'abord né trop jeune dans un siècle trop vieux et se réciter la phrase par laquelle La Bruyère *ouvre ses* Caractères : « Tout est dit... » *Les*

Méditations *voient le jour un an avant lui ; le recueil* Vers, *auquel il faillit collaborer, paraît en 1843, l'année où* Les Burgraves *s'effondrent sur la scène du Théâtre-Français. Durant cette vingtaine d'années, ce qu'on a appelé le romantisme offre maints recueils poétiques dus à Lamartine et à Victor Hugo, et aussi à Sainte-Beuve, à Vigny, à Musset, à Théophile Gautier, à d'autres encore.*

Cette floraison, Baudelaire l'a suivie d'un œil attentif. Collégien, jeune homme émancipé, il a lu tout ce qui s'est écrit pendant ces deux décennies — Les Fleurs en conserveront les traces —, manifestant son accord et davantage sa réprobation. A sa mère, le 3 août 1838 — il a dix-sept ans ! — : « Je n'ai lu qu'ouvrages modernes ; mais de ces ouvrages dont on parle partout, qui ont une réputation, que tout le monde lit, enfin ce qu'il y a de meilleur ; eh bien, tout cela est faux, exagéré, extravagant, boursouflé ! C'est surtout à Eugène Sue que j'en veux, je n'ai lu de lui qu'un livre, il m'a ennuyé à mourir. Je suis dégoûté de tout cela. Il n'y a que les drames, les poésies de Victor Hugo et un livre de Sainte-Beuve (Volupté) qui m'aient amusé. Je suis complètement dégoûté de la littérature ; et c'est qu'en vérité, depuis que je sais lire, je n'ai pas encore trouvé un ouvrage qui me plût entièrement, que je pusse aimer d'un bout à l'autre ; aussi je ne lis plus. »*

Cette lettre n'exhale pas seulement une indignation juvénile, peut-être dictée par les sarcasmes d'un professeur de Louis-le-Grand ; elle traduit aussi du découragement. Tout a été dit, mal dit, mais dit. La lyre française offrira-t-elle à Baudelaire une corde nouvelle ? Dans une poésie aussi attachée à la tradition que la française, les recommencements sont difficiles.

La première motivation que nous découvrons à la poésie de Baudelaire, c'est donc l'implacable nécessité de trouver du nouveau.

Plonger au fond du gouffre, Enfer ou Ciel, qu'importe?
Au fond de l'Inconnu pour trouver du nouveau!

*Ce nouveau se découvre d'abord, pour ainsi dire, par
soustraction. Quelle province poétique reste vierge, négli-
gée par les prédécesseurs immédiats? Utilisant un vieux
topos dont Crébillon père avait excipé pour justifier son
recours à l'horreur, Sainte-Beuve, dans les « Petits Moyens
de défense tels que je les conçois », soufflait à Baudelaire
au moment du procès :*

Tout était pris dans le domaine de la poésie.

Lamartine avait pris les *cieux*, Victor Hugo avait pris
la *terre* et plus que la *terre*. Laprade avait pris les *forêts*.
Musset avait pris la *passion et l'orgie* éblouissante.
D'autres avaient pris le *foyer*, la *vie rurale*, etc.

Théophile Gautier avait pris l'Espagne et ses hautes
couleurs. Que restait-il?

Ce que Baudelaire a pris.

Il y a été comme forcé.

*L'avocat de Baudelaire n'utilisa pas cet argument,
jugeant sans doute que le tribunal aurait pu répliquer en
souhaitant que le poète eût simplement appliqué son
talent « à la célébration des jouissances de la dévotion et
des ivresses de la gloire militaire », — que ces thèmes
fussent ou non nouveaux. Mais Baudelaire le reprit dans
un des projets de préface aux* Fleurs : « *Des poètes illustres
s'étaient partagé depuis longtemps les provinces les plus
fleuries du domaine poétique. Il m'a paru plaisant, et
d'autant plus agréable que la tâche était plus difficile,
d'extraire la* beauté *du Mal*[1]. »

*Cette nécessité de découvrir du nouveau, Baudelaire
va la ressentir durant toute sa vie poétique, qui se confond
presque avec l'élaboration des* Fleurs du Mal. *Et il la
ressentira même par rapport à son œuvre poétique propre :*

1. Voir p. 229.

les Petits Poëmes *en prose seront une autre étape de cette
exploration patiente et passionnée.*

Cependant, il ne faudrait pas croire que cette nouveauté,
du moins dans ses thèmes, soit absolue. De la Bible à
Lamartine, d'Homère à Hugo, de Virgile à Gautier,
nombreuses sont dans la poésie de Baudelaire les réso-
nances qui proviennent de la tradition et des prédécesseurs
immédiats. Ainsi, et pour se borner à ce seul exemple, le
cycle des poèmes adressés à Mme Sabatier est fortement
marqué par le pétrarquisme: qu'on pense au Flambeau
vivant.

Baudelaire n'est pas de ceux qui, comme Rimbaud,
injurient la Beauté. Son œuvre présente un très rare et
curieux alliage — un alliage « bizarre », doit-on dire en
se rappelant la formule de 1855: « Le beau est toujours
bizarre » — de respect et d'audace, de tradition et d'inno-
vation, de thèmes modernes et de formes anciennes. Ce qui
justifie la place éminente de la poésie baudelairienne dans
l'évolution générale de la poésie française. Baudelaire est
le Janus de cette poésie ou, pour prendre une image plus
moderne, il en est le grand « échangeur » : celui qui regarde
vers le passé et vers l'avenir ; celui qui transmet les valeurs
anciennes aux générations nouvelles, qui transmue le
passé en présent et en futur ; le dernier classique et tout
à la fois le premier moderne.

*

Baudelaire a choisi l'Enfer ou plutôt, car ce dernier
mot affirme une transcendance théologique, le mal. Ce que
traduit à merveille le titre découvert, en 1855, par Hippo-
lyte Babou: Les Fleurs du Mal, glosé par le poète dans
un projet de préface déjà cité ; illustré maladroitement,
par Bracquemond, dans le frontispice demandé par Baude-
laire pour l'édition de 1861, et sans bonheur par Félicien
Rops pour Les Épaves.

Exprimer la beauté du mal exige la connaissance du mal. Du mal, Baudelaire a fait un choix existentiel, ce qu'ont démontré, en empruntant des voies différentes, et Jean-Paul Sartre et Marcel Ruff, — même si Sartre a reproché à Baudelaire de n'avoir pas été assez hardi et au fond de ne pas être Jean Genet. M. Taine s'enfermait, dit-on, dans la cabine du bateau qui le promenait sur le lac Léman pour mieux en décrire les rives, à coup de lectures. Baudelaire descend dans les sentines, dès qu'il se sent poète, dès qu'il a articulé le mal et la poésie.

Ce jeune homme affectueux, sensible, jusqu'à la susceptibilité, enclin à la procrastination comme au remords et à l'auto-accusation — ainsi le montrent ses lettres de jeunesse — est travaillé au sein d'une famille bourgeoise d'un étrange désir: devenir auteur. Est-il difficile de deviner les réactions de la mère qui, après un premier mariage ressemblant au sauvetage de l'orpheline, avait trouvé en la personne d'Aupick le mari de ses rêves, destiné à satisfaire son bovarysme, sinon sa sensualité? Il n'est que d'ouvrir Les Fleurs *aux premières pages et de relire* « Bénédiction ». *Être auteur, ce n'est évidemment pas le destin — car la poésie se pense en termes de destin — que le général Aupick, protégé par le duc d'Orléans, puis par le duc de Nemours, avait choisi pour son beau-fils: il voyait Charles diplomate, et s'étonnait de le trouver dans la bohème et quêtant les caresses des filles, au point d'en être contaminé.*

On imaginait — à grand renfort de complexe d'Œdipe — que le conflit familial avait poussé Baudelaire vers la poésie et les expériences qu'elle supposait pour lui. D'après ce que l'on sait maintenant, le conflit ne se produisit ouvertement qu'après le choix du mal et de la poésie; tout au plus en est-il contemporain.

Le mal, Baudelaire le présente d'abord sous un aspect voyant, éclatant, choquant, puis sous une forme grise striée d'une bruine hivernale. Les deux premiers titres

que portèrent les futures Fleurs *illustrent bien ces concep-
tions différentes. Sur des couvertures du* Salon de 1846
*et de livres de ses amis, Baudelaire, d'octobre 1845 à
janvier 1847, fait annoncer* Les Lesbiennes, *avec, une
fois, cette précision :* « *un volume grand in-4⁰* ». *En
novembre 1848,* Les Limbes *se substituent aux* Lesbiennes,
dans L'Écho des marchands de vin; *l'éditeur est trouvé :
Michel Lévy, et fixée, la date de publication, au
24 février 1849, c'est-à-dire à l'anniversaire de la Révolu-
tion de 48.* Les Limbes *sont encore annoncés en juin 1850
dans* Le Magasin des familles *où sont publiés* Châtiment
de l'orgueil *et* L'Ame du vin : *le* « *livre* », « *qui paraîtra
très-prochainement* », « *est destiné à représenter les agita-
tions et les mélancolies de la jeunesse moderne* ». *Le titre
se retrouve encore dans* Le Messager de l'Assemblée
du 9 avril 1851 : le livre est « *destiné à retracer l'histoire
des agitations spirituelles de la jeunesse moderne* » *et
sera publié chez Michel Lévy. Le titre se retrouve enfin
dans le manuscrit des* Douze Poèmes, *au plus tard à la
fin de janvier 1852. Du début de 1852 au 1ᵉʳ juin 1855
(première apparition du titre définitif, coiffant dix-huit
poèmes dans la* Revue des Deux Mondes), *on ignore le
titre du recueil.*

Les Lesbiennes *sont un titre-pétard, pour employer
une expression de Baudelaire, un titre à la* Jeune-France,
*pittoresque, coruscant. Il devait recouvrir non seulement
les poèmes sur les femmes damnées, mais aussi de nom-
breux autres poèmes. Son choix résultait par conséquent
de la volonté délibérée de choquer les bourgeois, ces bour-
geois en qui, dans la dédicace du* Salon de 1846, *Baude-
laire placera sa confiance :* « *Vous êtes la majorité, —* nom-
bre *et* intelligence; *donc vous êtes la* force, — *qui est la*
justice. » *Le titre va changer, et l'intention.*

Les Limbes *sont un. titre mystérieux, énigmatique,
qu'on a tenté d'expliquer de bien des manières. On connaît
la signification du mot dans la topographie du catholi-*

*cisme. Mais cette signification-là échappe précisément
au chrétien Jean Wallon lorsqu'il prend connaissance
de l'annonce insérée dans* L'Écho des marchands de
vin : « *Ce sont sans doute des vers socialistes et par consé-
quent de mauvais vers* [1]. » *Wallon voit son ami* « *devenu
disciple de Proudhon* ». *Ou de Fourier? Car Jean Pom-
mier, qu'a suivi Michel Butor, nous apprend que les*
« *périodes limbiques* » *constituent* « *l'âge de début social
et de malheur industriel* » *qui précède l'organisation de la
Société dite harmonienne* [2]. *Or, en ce temps-là, Baude-
laire est tenté par l'optimisme fouriériste, qu'il exprime
dans la dédicace du* Salon de 1846. *Et certes quelques
poèmes connus sous le titre des* Limbes *peuvent ressortir
à une pensée socialiste, ainsi* La Rançon *et particulière-
ment par sa dernière strophe, supprimée après 1852.
Au reste, Baudelaire aurait-il gratuitement évoqué dans
une annonce la Révolution de février 1848? Pourtant,
il est impossible d'étendre cette couleur socialisante à
l'ensemble des poèmes qui ont appartenu aux* Limbes.

*Le Salon de 1846 offre deux passages qu'il est bon de
scruter ; ils ont trait tous deux à Delacroix et appartiennent
donc à ce que Baudelaire y a écrit de plus personnel.
L'un analyse la mélancolie des personnages féminins
de Delacroix :* « *Cette mélancolie respire jusque dans les
Femmes d'Alger, son tableau le plus coquet et le plus
fleuri. Ce petit poëme d'intérieur, plein de repos et de
silence, encombré de riches étoffes et de brimborions de
toilette, exhale je ne sais quel haut parfum de mauvais
lieu qui nous guide assez vite vers les limbes insondés de
la tristesse.* » *Si l'on rapproche de ces lignes l'annonce
de juin 1850 où Baudelaire fait des* « *agitations* » *et des*

---

1. *La Presse de 1848*, publiée en 1849.
2. J. Pommier, *La Mystique de Baudelaire*, Publication
de la Faculté des Lettres de Strasbourg, vol. 9, Paris, Les
Belles Lettres, 1932, p. 56. — M. Butor, *Histoire extraordinaire*,
Gallimard, [1961], p. 101.

« *mélancolies de la jeunesse moderne* » *la substance de son livre, il est peu douteux que l'aspect socialiste et optimiste ne soit fortement contrarié par l'aspect spleenétique. Celui-ci peut d'ailleurs être double : psychologique et social. Les limbes sont la région crépusculaire (les deux* Crépuscules *figurent sous le titre retenu de 1848 à 1852) de l'attente ; Hugo n'avait-il pas dans sa préface aux* Chants du Crépuscule *souligné* « *cet étrange état crépusculaire de l'âme et de la société dans le siècle où nous vivons* » [1] ?

*L'autre passage est une citation, dans la traduction de P.-A. Fiorentino (1861), du chant IV de l'*Enfer : *ces vers, qui ont inspiré Delacroix pour le plafond de la Bibliothèque du Luxembourg, nous montrent Danie et Virgile rencontrant* « *dans un lieu mystérieux les principaux poëtes de l'antiquité* ». *Ce* « *lieu mystérieux* », *ce sont les limbes. Et le titre serait donc à interpréter comme une descente aux enfers. Toutefois, en décrivant la composition de Delacroix, Baudelaire insiste sur* « *le calme bienheureux qu'elle respire, et la profonde harmonie qui nage dans cette atmosphère* », — *opposant ainsi un contraste hédoniste à la grisaille mélancolique où baignent beaucoup de poèmes, et au passage sur les* Femmes d'Alger. *La douceur sereine qui règne dans les limbes élyséens de Dante, encore accentuée par Delacroix, serait-ce donc l'Idéal, en plus du Spleen ? Cette ambiguïté est difficilement acceptable. Remarquons, de plus, que Baudelaire n'emploie pas ici le mot* « *limbes* ». *La référence à Dante n'est cependant pas à écarter :* De profundis clamavi *s'intitule* La Béatrix *dans* Le Messager de l'Assemblée *du 9 avril 1851, et l'* « *univers morne à l'horizon plombé* » *que Baudelaire y décrit peut fort bien être celui des limbes.*

1. Nous utilisons ici des remarques faites par Léon Cellier (« Baudelaire et les Limbes », *Studi francesi*, septembre-décembre 1964, p. 432-441).

Mais il convient de s'en tenir surtout à un lourd accent de spleen, d'attente, à une pensée socialiste secouée de révolte et parfois parcourue d'élans optimistes : « agitations » et « mélancolies », non point descente aux enfers, tels nous semblent être les équivalents des Limbes. *Les aspirations viendront plus tard, transformant cette contemplation morose (« senza speme vivemo in disio », disait Dante) en une dialectique qui débouche au moins sur la mort. La descente aux enfers, ce sont* Les Fleurs du Mal *qui l'accomplissent. Alors Baudelaire se fait vraiment le disciple de ce Dante pour qui Delacroix lui avait communiqué son « goût irrésistible »; alors il exauce le vœu de Balzac qui avait écrit de Paris dans* La Fille aux yeux d'or *: « cet enfer, qui, peut-être, un jour, aura son Dante ». Alors, frère de Gérard le lucide, il a le droit de dire avec ou après lui :*

Et j'ai deux fois vainqueur traversé l'Achéron...

Après le début de 1852, Baudelaire ne peut plus accepter le sens socialiste impliqué dans Les Limbes. *A quoi s'ajoute que Th. Véron publie sous ce titre, en 1852 précisément, un recueil de vers.*

Le titre définitif était alors latent. Balzac l'a pour ainsi dire deviné, préparé. D'un peu loin, dans Béatrix, *lorsque Sabine confie à sa mère qu'elle se plaît dans cet abîme où Félicité des Touches lui avait défendu d'aller et où toutes les fleurs vénéneuses sont charmantes (« car il y a les fleurs du diable et les fleurs de Dieu »). De plus près, et par deux fois, dans* Splendeurs et Misères des courtisanes, *quand il écrit la lettre ultime où Lucien de Rubempré situe Vautrin dans la terrible lignée des Caïnites; ces hommes-là représentent « la poésie du mal ».*

En 1847, Hippolyte Babou délègue justement une imaginaire marquise de T. au soin de féliciter Balzac : « vous seul pouvez cueillir, au bord du précipice, ces jolies

*fleurs vénéneuses poussées sur un fumier ». Ainsi s'expli-
que que l' « obscur » Babou — selon un cliché regrettable
seulement pour ceux qui l'ont utilisé — ait un jour proposé
à Baudelaire un titre qui traduisait les vraies intentions
de celui-ci.*

*

Les Lesbiennes *n'auraient pas seulement contenu des
poèmes saphiques ; de même* Les Limbes *n'auraient pas
renfermé exclusivement les poèmes du Spleen et la pièce
« Au lecteur » où trône l'incurable Ennui.*

*Soyons sûrs, en effet, qu'en 1847, lorsque Baudelaire
déclare publier prochainement « un volume grand in-4º »,
la majorité, et même la forte majorité des poèmes qui
entreront dans l'édition de 1857, est · déjà composée, au
moins sous une première forme. Ernest·Prarond, un ami
de jeunesse, doué d'une mémoire fidèle exercée par la
pratique de l'histoire, déclare qu'il a « sans nul doute »
entendu réciter vers 1843 les pièces suivantes :* L'Alba-
tros, Don Juan aux enfers, La Géante, « Je t'adore à
l'égal de la voûte nocturne... », Une charogne, « Une
nuit que j'étais près d'une affreuse Juive... », A une
Malabaraise, Le Rebelle, les Yeux de Berthe, « Je n'ai
pas oublié, voisine de la ville... », « La servante au
grand cœur... », Le Crépuscule du matin, L'Ame du
vin, Le Vin du Chiffonnier, Le Vin de l'assassin *et*
Allégorie. *Baudelaire, en janvier 1850, dans une lettre
à Ancelle, se plaint des fautes qui se sont glissées dans
le manuscrit calligraphié de ses poésies. Asselineau,
« vers le coup d'État » (décembre 1851), aperçoit chez son
ami « deux grands cahiers cartonnés », le recueil des vers
de Baudelaire « mis en ordre et copiés par un calligraphe ».*
Les Lesbiennes *ont certainement existé sous la forme de
poèmes nombreux.* Les Limbes, *eux, présentent déjà une
structure. Dès 1850, les futures* Fleurs du Mal *sont déjà*

*organisées, même si quelques-uns des poèmes les plus
beaux — ceux du cycle de Mme Sabatier notamment —
sont encore à naître.*

*Organisées, certes. Mais avant 1857 ou en 1857 ou
en 1861 a-t-on le droit d'appliquer au livre le mot « archi-
tecture » autour duquel se sont tissées tant de toiles d'arai-
gnées? Dans l'article qu'il proposait au Pays en juillet 1857,
Barbey d'Aurevilly avait écrit :*

Les artistes qui voient les lignes sous le luxe et
l'efflorescence de la couleur percevront très-bien qu'il
y a ici *une architecture secrète*, un plan calculé par le
poëte, méditatif et volontaire. Les *Fleurs du mal* ne
sont pas à la suite les unes des autres comme tant de
morceaux lyriques, dispersés par l'inspiration, et ramas-
sés dans un recueil sans d'autre raison que de les réunir.
Elles sont moins des poésies qu'une œuvre poétique
de la plus forte unité. Au point de vue de l'Art et de la
sensation esthétique, elles perdraient donc beaucoup à
n'être pas lues *dans l'ordre* où le poëte, qui sait bien ce
qu'il fait, les a rangées. Mais elles perdraient bien davan-
tage *au point de vue de l'effet moral* que nous avons signalé
au commencement de cet article.

*Si l'on rapproche ces lignes, où l'italique se fait insis-
tant, du billet dont Barbey accompagna l'envoi de son
article à Baudelaire :*

Je serais bien heureux, mon cher ami, si cet article
avait un peu d'influence sur l'esprit de celui qui va
vous défendre et sur l'opinion de ceux qui seront appelés
à vous juger.

*et de la première phrase des notes que Baudelaire fournit
à son avocat :*

Le Livre doit être jugé *dans son ensemble*, et alors il
en ressort une terrible moralité.

*il est difficile de ne pas retenir de cette « architecture
secrète » le seul paratonnerre propre à écarter les foudres
de la Justice, soit que l'argument ait été conçu par Baude-
laire qui aurait prié Barbey de l'utiliser à son profit, soit
que Barbey le lui ait soufflé, en le prolongeant d'une signi-
fication chrétienne, mise en relief à la fin de l'article :
« Après les* Fleurs du mal, *il n'y a plus que deux partis
à prendre pour le poète qui les fit éclore : ou se brûler
la cervelle... ou se faire chrétien ! » (Et certains cham-
pions de l'architecture ne se sont pas privés de faire jouer
l'articulation.) Le défenseur de Baudelaire vit bien le
parti à tirer de l'argument et dans sa plaidoirie il cita,
plus longuement que nous ne l'avons fait, l'article de
Barbey, reprochant ensuite au ministère public d'avoir
démantelé l'ensemble et, avec des fragments regroupés
« dans une habile et dangereuse énumération », d'avoir
constitué une marqueterie tout à fait étrangère aux inten-
tions du poète.*

Se proposer de déceler l' « architecture-secrète » des
Fleurs, *ce serait vouloir expliquer Nerval par le tarot.
Baudelaire lui-même, une fois passée l'émotion du procès,
se bornait à déclarer, dans une lettre à Vigny (1861) :
« Le seul éloge que je sollicite pour ce livre est qu'on
reconnaisse qu'il n'est pas un pur album et qu'il a un
commencement et une fin. » Sur ce point, comment ne
pas donner acte à Baudelaire, comment ne pas reconnaître
avec Barbey que* Les Fleurs *sont « moins des poésies
qu'une œuvre poétique de la plus forte unité »; un livre
et non un recueil? Un livre pourvu d'un commencement
et d'une fin, qui n'est pas la même en 1857 et en 1861.
Un livre dont les divisions ont été choisies par Baude-
laire, les poèmes déjà composés sécrétant un cadre qui,
à son tour, suscita d'autres poèmes. Un livre où les pièces
s'unissent parfois en « cycles », tandis que d'autres éléments
prennent une valeur de situation due à l'association ou au
contraste, comme, aussi bien, à la simple juxtaposition.*

Les Fleurs du Mal *ne résultent pas d'un a priori : la durée même de leur création et les desseins successifs du créateur interdisent une telle interprétation : elles n'ont pas été avant d'avoir existé. La conception même d'un poème comparable à* La Divine Comédie *est impossible au* XIXᵉ *siècle. Si Dante, alors, a un successeur, il le trouve dans l'ordre romanesque. Hugo ne fragmente-t-il pas l'épopée ? Les grandes constructions appartiennent aux siècles de foi. Ce n'est pas la Foi, c'est l'Ennui qui règne sur le monde, quand Baudelaire écrit* Les Fleurs du Mal.

*

L'Ennui baudelairien peut connaître de multiples causes et recevoir de multiples explications : théologiques et politiques, morales et sociales, existentielles et métaphysiques. Est-ce faire l'économie des superstructures que de rechercher l'une des causes principales, sinon la principale cause, dans le tempérament même du poète et dans la conséquence génétique qui en résulte ?

A vingt-six ans, Baudelaire avoue qu'il souffre d'une « oisiveté perpétuelle commandée par un malaise perpétuel ». Au début de cette année 1847, le Bulletin de la Société des gens de lettres *avait publié* La Fanfarlo *où Baudelaire se portraiturait sous le masque de Samuel Cramer : « un grand fainéant, un ambitieux triste, et un illustre malheureux ». « Le soleil de la paresse [...] lui vaporise et lui mange cette moitié de génie dont le ciel l'a doué. » En bref, Samuel est « comme le dieu de l'impuissance ».*

De ces témoignages, ainsi que de nombreux autres qu'on pourrait réunir, se dégage la certitude que cette difficulté à créer que Baudelaire a éprouvée pendant presque toute son existence, tient à une anorexie constitutive, aggravée par la maladie et, davantage, par les

*excitants et stupéfiants auxquels il recourut si souvent
et si largement : le vin, l'opium et, sur la fin de sa vie,
l'alcool. Baudelaire est bien l'* « *homme psychique moderne* »
que décrivait Verlaine dans l'article de L'Art *qu'il lui
consacra en 1865, l'homme moderne* « *tel que l'ont fait
les raffinements d'une civilisation excessive, [...], avec
ses sens aiguisés et vibrants, son esprit douloureusement
subtil, son cerveau saturé de tabac, son sang brûlé d'al-
cool* ». *Certes, le psychisme peut quelquefois vaincre une
constitution défaillante. Mais il y faut une foi. Or de
quelle foi Baudelaire peut-il être animé? De la foi reli-
gieuse il eut l'appétence en de certains moments, à des
fins qui se confondaient avec sa volonté de puissance
créatrice, au point que la prière — c'est visible dans les*
Journaux intimes — *est pour lui le moyen de retrouver les
forces perdues. Baudelaire trouve dans le christianisme une
magie blanche, et une mythologie poétique dont le Christ
rédempteur est exclu* [1]. *Le dandy ne peut être un
chrétien.*

*Des convictions politiques? Il en eut, dans les mois qui
précédèrent la Révolution de 1848 et jusqu'en 1851.
Pourtant, les pièces que l'on peut dater de ces années,
comme* La Rançon, *ne sont pas parmi les meilleures.
Et la charité profonde qu'il a su témoigner aux déshérités,
comme dans* Le Cygne *(première publication en janvier
1860), n'est pas nécessairement liée à des opinions
socialistes. Avant 1847, le dandysme contrarie l'intérêt
qu'il pouvait porter à la politique ; après le coup d'État,
il se dit* « *dépolitiqué* » *et pense la politique en termes de
providentialisme. Il notera dans* Mon cœur mis à nu :
« *Être un homme utile m'a paru toujours quelque chose
de bien hideux.* » *Brummell, ici, là Maistre et Edgar Poe
s'opposent à Fourier et à Proudhon.*

---

1. Voir Georges Blin, « Recours de Baudelaire à la sorcel-
lerie », dans *Le Sadisme de Baudelaire*, José Corti, 1948.

Laissons de côté une famille qui n'a jamais considéré l'exercice de la poésie que comme un divertissement, un violon d'Ingres ; « taquiner la muse » est une assez bourgeoise expression. Les femmes qui l'entourent, que savent-elles de ce qui le distingue des rimailleurs qui les entourent?

Pour qui donc, pour quoi donc écrirait-il? Baudelaire se trouve orphelin dans un monde sans Dieu, qui lui est socialement et même psychiquement hostile. La Beauté lui semble lointaine, inaccessible, meurtrière.

Cette difficulté à créer eut des conséquences importantes, pour lui et aussi pour les destinées de la poésie française.

C'est avec 'Baudelaire que les poètes français tordent enfin le cou à l'éloquence. « Un sonnet sans défaut vaut seul un long poème », telle aurait pu être la devise de l'auteur des Fleurs du Mal, s'il n'avait préféré les sonnets libertins aux sonnets réguliers. Bien entendu, la rhétorique n'est pas absente des Fleurs : elle s'aperçoit encore dans Bénédiction comme dans Le Voyage. Mais elle n'est plus là que pour soutenir l'inspiration lorsque celle-ci défaille, et il est arrivé à Baudelaire de renoncer à prolonger un poème plutôt que de le prolonger artificiellement (L'Héautontimorouménos). Puis, de la nécessité qui s'imposait à lui, physiologiquement, sociologiquement, — il trouva la justification dans le texte de Poe qu'il traduisit, La Genèse d'un poëme : un long poème est un grand fléau, car il verse dans la prose. Traduit dans une lettre[1], ce refus se formule ainsi : « Tout ce qui dépasse la longueur de l'attention que l'être humain peut prêter à la forme poëtique n'est pas un poëme. » Un poëme, d'autre part, doit avoir une certaine longueur, afin d'exprimer l'excitation poétique qui lui a donné naissance et qu'une certaine durée peut seule permettre

1. A Armand Fraisse, 18 février 1860.

*de communiquer. Le poème court est celui qui se rappro-
che le plus de la pure poésie. De cette esthétique de la
concentration, Baudelaire a lui-même donné une image
parfaitement adéquate dans* Mon cœur mis à nu. « *Pour-
quoi — se demande-t-il — le spectacle de la mer est-il si
infiniment et si éternellement agréable?* »

Parce que la mer offre à la fois l'idée de l'immensité
et du mouvement. Six ou sept lieues représentent pour
l'homme le rayon de l'infini. Voilà un infini diminutif.
Qu'importe s'il suffit à suggérer l'idée de l'infini total ?
Douze ou quatorze lieues (sur le diamètre), douze ou
quatorze de liquide en mouvement suffisent pour donner
la plus haute idée de beauté qui soit offerte à l'homme
sur son habitacle transitoire.

*Douze ou quatorze vers peuvent aussi enchâsser l'infini.
L'esthétique de Baudelaire a nom : l'infini diminutif.*

*Cadrer, c'est infléchir, domestiquer. Baudelaire s'effraie
de se trouver face à la nature : les* « *légumes sanc-
tifiés* », *la femme. Il vit à la ville et, si possible, tel
Sartre, qui ne l'a si cruellement disséqué que parce qu'ils
se ressemblent, il couche* « *auprès du ciel, comme les astro-
logues* » (Paysage), *dans une* « *chambre haute* » (Tout
entière), *d'où il domine, où il se protège des atteintes
de la foule, bain de multitude auquel il se contente de
dérober quelques étincelles de vitalité, mais dont le contact
lui répugne. Il s'entoure, autant que le lui permettent la
paucité et la précarité de ses ressources, de tableaux, de
gravures, de reliures exemplaires. Souvent, il se réfugie
dans l'artificiel, recourant à la magie noire des drogues.
Pour apprivoiser la nature, il utilise l'art, un art qui
parfois est subtil et achevé, et, parfois, un je ne sais quoi
qui n'est tout à fait ni déjà l'art, ni encore la nature. Et
c'est pourquoi il donne pour tremplin à son imagination
créatrice des tableaux, des gravures, des sculptures* (Sur
le Tasse en prison, Bohémiens en voyage, Danse maca-*

bre) — *l'un des mérites de Jean Prévost*[1] *est d'avoir là-dessus insisté, le premier —, quand il ne lui offre pas pour* pabulum *des poésies, comme celles de Gautier, qui sont à mi-course d'une vraie « digestion » poétique. Dans les marges d'un poème ou d'une gravure, il est plus facile de conjurer le dieu de l'impuissance.*

La difficulté qu'il éprouve à s'approcher de la Beauté, à la maintenir sous ses yeux — fût-elle en lui ! — a en Baudelaire une autre conséquence : cette poésie est réflexive. Elle est réflexion du poète sur la nature et la fonction de la poésie : les vingt premières pièces des Fleurs du Mal *appartiennent à cet ordre de la réflexion poétique, comme* La Mort des artistes, *et d'autres encore, comme aussi quelques-uns des* Petits Poëmes en prose. *La poésie devient à elle-même son objet.*

Un poète qui toujours se demande comment naît l'inspiration, comment il pourra la faire renaître ou en préserver dans son âme la force vivifiante, comment s'abandonnerait-il à un vague lyrisme? Ce poète lucide, inquiet, porte en lui son critique ou, comme le disait Valéry, un « ingénieur ». De cette attitude concertée, de cette parfaite maîtrise du plus vibrant et du plus orageux des poètes, on a des preuves : quelques-unes de ses poésies, Baudelaire les lance sous le nom d'un ami, en confie une au livre d'un autre ami, ballons d'essai qui crèveront peut-être ; ou bien il les conserve par-devers lui, méritant ainsi d'un de ses complices[2] *la qualification de « poète étrange et grandiose qui tient à honneur de rester inédit ». Ceci date de 1849. Baudelaire, si l'on néglige cinq ou six poésies auparavant publiées sous son nom, par une ou au plus par deux unités, attend le 9 avril 1851, le jour où il a précisément trente ans, pour faire insérer,*

1. *Baudelaire. Essai sur l'inspiration et la création poétiques,* Mercure de France, 1953.
2. Auguste Vitu; son témoignage dans *Baudelaire devant ses contemporains,* U.G.E., coll. 10 × 18, p. 136.

sous son nom, douze poésies des Limbes, *dans* Le Mes-
sager *de l'Assemblée, où il a des amis. A trente ans
seulement, ayant pris en lui quelque confiance, il sort
de la clandestinité. Quelle leçon de patience!*

*Et quel stoïque orgueil, lorsque ensuite il proclame
devant sa mère son « admirable faculté poëtique », —
devant les directeurs, éberlués, des revues qu'il sollicite
d'accueillir ses vers, son infaillibilité: « J'ai passé ma
vie entière à apprendre à construire des phrases, et je
dis, sans crainte de faire rire, que ce que je livre à une
imprimerie est parfaitement fini. »*

*Homme et poète moderne, Baudelaire ne l'est pas seule-
ment par son anxiété, par son angoisse, par son déses-
poir: il l'est aussi — la citation précédente l'indique —
par l'agression. Son art est offensif, et volontiers offen-
sant, dans* L'Héautontimorouménos *et dans* A une
Madone, *par exemple, et plus encore dans les déclarations
qui lient au poète le lecteur démasqué de son hypocrisie:*

— Hypocrite lecteur, — mon semblable, — mon frère!
(*Au lecteur.*)

Avez-vous donc pu croire, hypocrites surpris,
Qu'on se moque du maître, et qu'avec lui l'on triche,
Et qu'il soit naturel de recevoir deux prix,
D'aller au Ciel et d'être riche?
(*L'Imprévu.*)

*La poésie est devenue agression; elle a cessé d'être un jeu
ou une lamentation. Elle doit être faite par tous.*

*Pourtant, comme celle de Baudelaire paraît simple,
sage même, à des yeux peu avertis! « Boileau hystérique »,
ainsi le qualifia Alcide Dusolier, critique qui crut le
pourfendre et lui rendit, malgré qu'il en eût, un hommage
éclatant. Il y a un Boileau chez cet orfèvre des strophes
bien équilibrées et des formes exactes, qui a entendu — et
ne s'en est pas étonné — Eugène Delacroix « vanter sans*

*cesse Racine, La Fontaine et Boileau et à qui il arrive
de penser à « un poëte [...], qu'un vers de Malherbe,
symétrique et carré de mélodie, jette dans de longues
extases »*[1]*. Un Boileau qui utilise au maximum les outils
rassurants de la comparaison, lesquels constituent la
catégorie la mieux représentée de son lexique. Et tout à
coup, à l'écart des audaces macabres ou flamboyantes
des Jeune-France — Les Fleurs en montrent, et c'est
là que gît l'hystérie selon Dusolier —, avec une insidieuse
hardiesse naissent les images insolites :*

> Sous le fardeau de ta paresse
> Ta tête d'enfant
> Se balance avec la mollesse
> D'un jeune éléphant.
> *(Le Serpent qui danse.)*

*Et, comme à l'époque baroque dans la métaphore boule-de-
neige, elles s'enchaînent, recourant parfois à un outil de
comparaison pour rassurer le lecteur :*

> Ta gorge qui s'avance et qui pousse la moire,
> Ta gorge triomphante est une belle armoire
> Dont les panneaux bombés et clairs
> Comme les boucliers accrochent des éclairs
> *(Le Beau Navire.)*

*Insensiblement la mythologie classique devient une
mythologie toute personnelle ; la symbolique, pour repren-
dre la distinction de Lloyd James Austin*[2]*, le cède à un
symbolisme ; les correspondances ne sont plus univoques,
inversables, le Cygne l'emporte sur Andromaque, les
petites vieilles, spectacle quotidien, prennent une dimen-
sion héroïque. Naît un fantastique moderne. Naît une*

1. *L'Œuvre et la vie d'Eugène Delacroix.*
2. *L'Univers poétique de Baudelaire. Symbolisme et symbo-
lique,* Mercure de France, 1956.

*poésie que l'on croyait claire, classique, et qui a l'obs-
curité de toute vraie poésie qui ne veut pas conceptualiser,
mais suggérer.*

*Ni classique, ni romantique, Baudelaire a tout concilié,
en restant toujours lui-même.*

*« Vous avez — lui écrivait Flaubert en le remerciant
des Fleurs du Mal et, du même coup, en le rassurant —
vous avez trouvé le moyen de rajeunir le romantisme.
Vous ne ressemblez à personne (ce qui est la première
de toutes les qualités). L'originalité du style découle
de la composition. La phrase est toute bourrée par l'idée,
à en craquer. »*

*Mélange explosif qui ne cessera jamais de provoquer
les lecteurs, et les commentateurs.*

Claude Pichois.

Je tiens à remercier M. Urs Egli qui a rédigé les notes
de cette édition en partant de celles que contiennent les
Œuvres complètes de Baudelaire publiées dans la
« Bibliothèque de la Pléiade ».

Cl. P.

Les Fleurs du Mal

(TEXTE DE 1861)

AU POËTE IMPECCABLE

AU PARFAIT MAGICIEN ÈS LETTRES FRANÇAISES

A MON TRÈS-CHER ET TRÈS-VÉNÉRÉ

MAITRE ET AMI

THÉOPHILE GAUTIER

AVEC LES SENTIMENTS

DE LA PLUS PROFONDE HUMILITÉ

JE DÉDIE

CES FLEURS MALADIVES

C. B.

AU LECTEUR

La sottise, l'erreur, le péché, la lésine,
Occupent nos esprits et travaillent nos corps,
Et nous alimentons nos aimables remords,
Comme les mendiants nourrissent leur vermine.

Nos péchés sont têtus, nos repentirs sont lâches;
Nous nous faisons payer grassement nos aveux,
Et nous rentrons gaiement dans le chemin bourbeux,
Croyant par de vils pleurs laver toutes nos taches.

Sur l'oreiller du mal c'est Satan Trismégiste
Qui berce longuement notre esprit enchanté,
Et le riche métal de notre volonté
Est tout vaporisé par ce savant chimiste.

C'est le Diable qui tient les fils qui nous remuent!
Aux objets répugnants nous trouvons des appas;
Chaque jour vers l'Enfer nous descendons d'un pas,
Sans horreur, à travers des ténèbres qui puent.

Ainsi qu'un débauché pauvre qui baise et mange
Le sein martyrisé d'une antique catin,
Nous volons au passage un plaisir clandestin
Que nous pressons bien fort comme une vieille orange.

Serré, fourmillant, comme un million d'helminthes,
Dans nos cerveaux ribote un peuple de Démons,
Et, quand nous respirons, la Mort dans nos poumons
Descend, fleuve invisible, avec de sourdes plaintes.

Si le viol, le poison, le poignard, l'incendie,
N'ont pas encor·brodé de leurs plaisants dessins
Le canevas banal de nos piteux destins,
C'est que notre âme, hélas! n'est pas assez hardie.

Mais parmi les chacals, les panthères, les lices,
Les singes, les scorpions, les vautours, les serpents,
Les monstres glapissants, hurlants, grognants, rampants,
Dans la ménagerie infâme de nos vices,

Il en est un plus laid, plus méchant, plus immonde!
Quoiqu'il ne pousse ni grands gestes ni grands cris,
Il ferait volontiers de la terre un débris
Et dans un bâillement avalerait le monde;

C'est l'Ennui! — l'œil chargé d'un pleur involontaire,
Il rêve d'échafauds en fumant son houka.
Tu le connais, lecteur, ce monstre délicat,
— Hypocrite lecteur, — mon semblable, — mon frère!

SPLEEN ET IDÉAL

1

BÉNÉDICTION

Lorsque, par un décret des puissances suprêmes,
Le Poëte apparaît en ce monde ennuyé,
Sa mère épouvantée et pleine de blasphèmes
Crispe ses poings vers Dieu, qui la prend en pitié :

— « Ah! que n'ai-je mis bas tout un nœud de vipères,
Plutôt que de nourrir cette dérision!
Maudite soit la nuit aux plaisirs éphémères
Où mon ventre a conçu mon expiation!

Puisque tu m'as choisie entre toutes les femmes
Pour être le dégoût de mon triste mari,
Et que je ne puis pas rejeter dans les flammes,
Comme un billet d'amour, ce monstre rabougri,

Je ferai rejaillir ta haine qui m'accable
Sur l'instrument maudit de tes méchancetés,
Et je tordrai si bien cet arbre misérable,
Qu'il ne pourra pousser ses boutons empestés! »

Elle ravale ainsi l'écume de sa haine,
Et, ne comprenant pas les desseins éternels,
Elle-même prépare au fond de la Géhenne
Les bûchers consacrés aux crimes maternels.

Pourtant, sous la tutelle invisible d'un Ange,
L'Enfant déshérité s'enivre de soleil,
Et dans tout ce qu'il boit et dans tout ce qu'il mange
Retrouve l'ambroisie et le nectar vermeil.

Il joue avec le vent, cause avec le nuage,
Et s'enivre en chantant du chemin de la croix;
Et l'Esprit qui le suit dans son pèlerinage
Pleure de le voir gai comme un oiseau des bois.

Tous ceux qu'il veut aimer l'observent avec crainte,
Ou bien, s'enhardissant de sa tranquillité,
Cherchent à qui saura lui tirer une plainte,
Et font sur lui l'essai de leur férocité.

Dans le pain et le vin destinés à sa bouche
Ils mêlent de la cendre avec d'impurs crachats;
Avec hypocrisie ils jettent ce qu'il touche,
Et s'accusent d'avoir mis leurs pieds dans ses pas.

Sa femme va criant sur les places publiques :
« Puisqu'il me trouve assez belle pour m'adorer,
Je ferai le métier des idoles antiques,
Et comme elles je veux me faire redorer;

Et je me soûlerai de nard, d'encens, de myrrhe,
De génuflexions, de viandes et de vins,
Pour savoir si je puis dans un cœur qui m'admire
Usurper en riant les hommages divins!

Et, quand je m'ennuierai de ces farces impies,
Je poserai sur lui ma frêle et forte main;
Et mes ongles, pareils aux ongles des harpies,
Sauront jusqu'à son cœur se frayer un chemin.

Comme un tout jeune oiseau qui tremble et qui palpite,
J'arracherai ce cœur tout rouge de son sein,
Et, pour rassasier ma bête favorite,
Je le lui jetterai par terre avec dédain! »

Vers le Ciel, où son œil voit un trône splendide,
Le Poëte serein lève ses bras pieux,
Et les vastes éclairs de son esprit lucide
Lui dérobent l'aspect des peuples furieux :

— « Soyez béni, mon Dieu, qui donnez la souffrance
Comme un divin remède à nos impuretés
Et comme la meilleure et la plus pure essence
Qui prépare les forts aux saintes voluptés!

Je sais que vous gardez une place au Poëte
Dans les rangs bienheureux des saintes Légions,
Et que vous l'invitez à l'éternelle fête
Des Trônes, des Vertus, des Dominations.

Je sais que la douleur est la noblesse unique
Où ne mordront jamais la terre et les enfers,
Et qu'il faut pour tresser ma couronne mystique
Imposer tous les temps et tous les univers.

Mais les bijoux perdus de l'antique Palmyre,
Les métaux inconnus, les perles de la mer,
Par votre main montés, ne pourraient pas suffire
A ce beau diadème éblouissant et clair;

Car il ne sera fait que de pure lumière,
Puisée au foyer saint des rayons primitifs,
Et dont les yeux mortels, dans leur splendeur entière,
Ne sont que des miroirs obscurcis et plaintifs! »

II

L'ALBATROS

Souvent, pour s'amuser, les hommes d'équipage
Prennent des albatros, vastes oiseaux des mers,
Qui suivent, indolents compagnons de voyage,
Le navire glissant sur les gouffres amers.

A peine les ont-ils déposés sur les planches,
Que ces rois de l'azur, maladroits et honteux,
Laissent piteusement leurs grandes ailes blanches
Comme des avirons traîner à côté d'eux.

Ce voyageur ailé, comme il est gauche et veule!
Lui, naguère si beau, qu'il est comique et laid!
L'un agace son bec avec un brûle-gueule,
L'autre mime, en boitant, l'infirme qui volait!

Le Poëte est semblable au prince des nuées
Qui hante la tempête et se rit de l'archer;
Exilé sur le sol au milieu des huées,
Ses ailes de géant l'empêchent de marcher.

III

ÉLÉVATION

Au-dessus des étangs, au-dessus des vallées,
Des montagnes, des bois, des nuages, des mers,
Par delà le soleil, par delà les éthers,
Par delà les confins des sphères étoilées,

Mon esprit, tu te meus avec agilité,
Et, comme un bon nageur qui se pâme dans l'onde,
Tu sillonnes gaiement l'immensité profonde
Avec une indicible et mâle volupté.

Envole-toi bien loin de ces miasmes morbides;
Va te purifier dans l'air supérieur,
Et bois, comme une pure et divine liqueur,
Le feu clair qui remplit les espaces limpides.

Derrière les ennuis et les vastes chagrins
Qui chargent de leur poids l'existence brumeuse,
Heureux celui qui peut d'une aile vigoureuse
S'élancer vers les champs lumineux et sereins;

Celui dont les pensers, comme des alouettes,
Vers les cieux le matin prennent un libre essor,
— Qui plane sur la vie, et comprend sans effort
Le langage des fleurs et des choses muettes!

IV

CORRESPONDANCES

La Nature est un temple où de vivants piliers
Laissent parfois sortir de confuses paroles;
L'homme y passe à travers des forêts de symboles
Qui l'observent avec des regards familiers.

Comme de longs échos qui de loin se confondent
Dans une ténébreuse et profonde unité,
Vaste comme la nuit et comme la clarté,
Les parfums, les couleurs et les sons se répondent.

Il est des parfums frais comme des chairs d'enfants,
Doux comme les hautbois, verts comme les prairies,
— Et d'autres, corrompus, riches et triomphants,

Ayant l'expansion des choses infinies,
Comme l'ambre, le musc, le benjoin et l'encens
Qui chantent les transports de l'esprit et des sens.

V

J'aime le souvenir de ces époques nues,
Dont Phœbus se plaisait à dorer les statues.
Alors l'homme et la femme en leur agilité
Jouissaient sans mensonge et sans anxiété,
Et, le ciel amoureux leur caressant l'échine,
Exerçaient la santé de leur noble machine.
Cybèle alors, fertile en produits généreux,
Ne trouvait point ses fils un poids trop onéreux,

Mais, louve au cœur gonflé de tendresses communes,
Abreuvait l'univers à ses tetines brunes.
L'homme, élégant, robuste et fort, avait le droit
D'être fier des beautés qui le nommaient leur roi;
Fruits purs de tout outrage et vierges de gerçures,
Dont la chair lisse et ferme appelait les morsures!

Le Poëte aujourd'hui, quand il veut concevoir
Ces natives grandeurs, aux lieux où se font voir
La nudité de l'homme et celle de la femme,
Sent un froid ténébreux envelopper son âme
Devant ce noir tableau plein d'épouvantement.
O monstruosités pleurant leur vêtement!
O ridicules troncs! torses dignes des masques!
O pauvres corps tordus, maigres, ventrus ou flasques,
Que le dieu de l'Utile, implacable et serein,
Enfants, emmaillota dans ses langes d'airain!
Et vous, femmes, hélas! pâles comme des cierges,
Que ronge et que nourrit la débauche, et vous, vierges,
Du vice maternel traînant l'hérédité
Et toutes les hideurs de la fécondité!

Nous avons, il est vrai, nations corrompues,
Aux peuples anciens des beautés inconnues :
Des visages rongés par les chancres du cœur,
Et comme qui dirait des beautés de langueur;
Mais ces inventions de nos muses tardives
N'empêcheront jamais les races maladives
De rendre à la jeunesse un hommage profond,
— A la sainte jeunesse, à l'air simple, au doux front,
A l'œil limpide et clair ainsi qu'une eau courante,
Et qui va répandant sur tout, insouciante
Comme l'azur du ciel, les oiseaux et les fleurs,
Ses parfums, ses chansons et ses douces chaleurs!

VI

LES PHARES

Rubens, fleuve d'oubli, jardin de la paresse,
Oreiller de chair fraîche où l'on ne peut aimer,
Mais où la vie afflue et s'agite sans cesse,
Comme l'air dans le ciel et la mer dans la mer;

Léonard de Vinci, miroir profond et sombre,
Où des anges charmants, avec un doux souris
Tout chargé de mystère, apparaissent à l'ombre
Des glaciers et des pins qui ferment leur pays;

Rembrandt, triste hôpital tout rempli de murmures,
Et d'un grand crucifix décoré seulement,
Où la prière en pleurs s'exhale des ordures,
Et d'un rayon d'hiver traversé brusquement;

Michel-Ange, lieu vague où l'on voit des Hercules
Se mêler à des Christs, et se lever tout droits
Des fantômes puissants qui dans les crépuscules
Déchirent leur suaire en étirant leurs doigts;

Colères de boxeur, impudences de faune,
Toi qui sus ramasser la beauté des goujats,
Grand cœur gonflé d'orgueil, homme débile et jaune,
Puget, mélancolique empereur des forçats;

Watteau, ce carnaval où bien des cœurs illustres,
Comme des papillons, errent en flamboyant,
Décors frais et légers éclairés par des lustres
Qui versent la folie à ce bal tournoyant;

Goya, cauchemar plein de choses inconnues,
De fœtus qu'on fait cuire au milieu des sabbats,
De vieilles au miroir et d'enfants toutes nues,
Pour tenter les démons ajustant bien leurs bas;

Delacroix, lac de sang hanté des mauvais anges,
Ombragé par un bois de sapins toujours vert,
Où, sous un ciel chagrin, des fanfares étranges
Passent, comme un soupir étouffé de Weber;

Ces malédictions, ces blasphèmes, ces plaintes,
Ces extases, ces cris, ces pleurs, ces *Te Deum*,
Sont un écho redit par mille labyrinthes;
C'est pour les cœurs mortels un divin opium!

C'est un cri répété par mille sentinelles,
Un ordre renvoyé par mille porte-voix;
C'est un phare allumé sur mille citadelles,
Un appel de chasseurs perdus dans les grands bois!

Car c'est vraiment, Seigneur, le meilleur témoignage
Que nous puissions donner de notre dignité
Que cet ardent sanglot qui roule d'âge en âge
Et vient mourir au bord de votre éternité!

VII

LA MUSE MALADE

Ma pauvre muse, hélas! qu'as-tu donc ce matin?
Tes yeux creux sont peuplés de visions nocturnes,
Et je vois tour à tour réfléchis sur ton teint
La folie et l'horreur, froides et taciturnes.

Le succube verdâtre et le rose lutin
T'ont-ils versé la peur et l'amour de leurs urnes?
Le cauchemar, d'un poing despotique et mutin,
T'a-t-il noyée au fond d'un fabuleux Minturnes?

Je voudrais qu'exhalant l'odeur de la santé
Ton sein de pensers forts fût toujours fréquenté,
Et que ton sang chrétien coulât à flots rhythmiques

Comme les sons nombreux des syllabes antiques,
Où règnent tour à tour le père des chansons,
Phœbus, et le grand Pan, le seigneur des moissons.

VIII

LA MUSE VÉNALE

O muse de mon cœur, amante des palais,
Auras-tu, quand Janvier lâchera ses Borées,
Durant les noirs ennuis des neigeuses soirées,
Un tison pour chauffer tes deux pieds violets?

Ranimeras-tu donc tes épaules marbrées
Aux nocturnes rayons qui percent les volets?
Sentant ta bourse à sec autant que ton palais,
Récolteras-tu l'or des voûtes azurées?

Il te faut, pour gagner ton pain de chaque soir,
Comme un enfant de chœur, jouer de l'encensoir,
Chanter des *Te Deum* auxquels tu ne crois guère,

Ou, saltimbanque à jeun, étaler tes appas
Et ton rire trempé de pleurs qu'on ne voit pas,
Pour faire épanouir la rate du vulgaire.

IX

LE MAUVAIS MOINE

Les cloîtres anciens sur leurs grandes murailles
Étalaient en tableaux la sainte Vérité,
Dont l'effet, réchauffant les pieuses entrailles,
Tempérait la froideur de leur austérité.

En ces temps où du Christ florissaient les semailles,
Plus d'un illustre moine, aujourd'hui peu cité,
Prenant pour atelier le champ des funérailles,
Glorifiait la Mort avec simplicité.

— Mon âme est un tombeau que, mauvais cénobite,
Depuis l'éternité je parcours et j'habite ;
Rien n'embellit les murs de ce cloître odieux.

O moine fainéant ! quand saurai-je donc faire
Du spectacle vivant de ma triste misère
Le travail de mes mains et l'amour de mes yeux ?

X

L'ENNEMI

Ma jeunesse ne fut qu'un ténébreux orage,
Traversé çà et là par de brillants soleils ;
Le tonnerre et la pluie ont fait un tel ravage,
Qu'il reste en mon jardin bien peu de fruits vermeils.

Voilà que j'ai touché l'automne des idées,
Et qu'il faut employer la pelle et les râteaux
Pour rassembler à neuf les terres inondées,
Où l'eau creuse des trous grands comme des tombeaux.

Et qui sait si les fleurs nouvelles que je rêve
Trouveront dans ce sol lavé comme une grève
Le mystique aliment qui ferait leur vigueur?

— O douleur! ô douleur! Le Temps mange la vie,
Et l'obscur Ennemi qui nous ronge le cœur
Du sang que nous perdons croît et se fortifie!

XI

LE GUIGNON

Pour soulever un poids si lourd,
Sisyphe, il faudrait ton courage!
Bien qu'on ait du cœur à l'ouvrage,
L'Art est long et le Temps est court.

Loin des sépultures célèbres,
Vers un cimetière isolé,
Mon cœur, comme un tambour voilé,
Va battant des marches funèbres.

— Maint joyau dort enseveli
Dans les ténèbres et l'oubli,
Bien loin des pioches et des sondes;

Mainte fleur épanche à regret
Son parfum doux comme un secret
Dans les solitudes profondes.

XII

LA VIE ANTÉRIEURE

J'ai longtemps habité sous de vastes portiques
Que les soleils marins teignaient de mille feux,
Et que leurs grands piliers, droits et majestueux,
Rendaient pareils, le soir, aux grottes basaltiques.

Les houles, en roulant les images des cieux,
Mêlaient d'une façon solennelle et mystique
Les tout-puissants accords de leur riche musique
Aux couleurs du couchant reflété par mes yeux.

C'est là que j'ai vécu dans les voluptés calmes,
Au milieu de l'azur, des vagues, des splendeurs
Et des esclaves nus, tout imprégnés d'odeurs,

Qui me rafraîchissaient le front avec des palmes,
Et dont l'unique soin était d'approfondir
Le secret douloureux qui me faisait languir.

XIII

BOHÉMIENS EN VOYAGE

La tribu prophétique aux prunelles ardentes
Hier s'est mise en route, emportant ses petits
Sur son dos, ou livrant à leurs fiers appétits
Le trésor toujours prêt des mamelles pendantes.

Les hommes vont à pied sous leurs armes luisantes
Le long des chariots où les leurs sont blottis,
Promenant sur le ciel des yeux appesantis
Par le morne regret des chimères absentes.

Du fond de son réduit sablonneux, le grillon,
Les regardant passer, redouble sa chanson;
Cybèle, qui les aime, augmente ses verdures,

Fait couler le rocher et fleurir le désert
Devant ces voyageurs, pour lesquels est ouvert
L'empire familier des ténèbres futures.

XIV

L'HOMME ET LA MER

Homme libre, toujours tu chériras la mer!
La mer est ton miroir; tu contemples ton âme
Dans le déroulement infini de sa lame,
Et ton esprit n'est pas un gouffre moins amer.

Tu te plais à plonger au sein de ton image;
Tu l'embrasses des yeux et des bras, et ton cœur
Se distrait quelquefois de sa propre rumeur
Au bruit de cette plainte indomptable et sauvage.

Vous êtes tous les deux ténébreux et discrets :
Homme, nul n'a sondé le fond de tes abîmes,
O mer, nul ne connaît tes richesses intimes,
Tant vous êtes jaloux de garder vos secrets !

Et cependant voilà des siècles innombrables
Que vous vous combattez sans pitié ni remord,
Tellement vous aimez le carnage et la mort,
O lutteurs éternels, ô frères implacables !

XV

DON JUAN AUX ENFERS

Quand Don Juan descendit vers l'onde souterraine
Et lorsqu'il eut donné son obole à Charon,
Un sombre mendiant, l'œil fier comme Antisthène,
D'un bras vengeur et fort saisit chaque aviron.

Montrant leurs seins pendants et leurs robes ouvertes,
Des femmes se tordaient sous le noir firmament,
Et, comme un grand troupeau de victimes offertes,
Derrière lui traînaient un long mugissement.

Sganarelle en riant lui réclamait ses gages,
Tandis que Don Luis avec un doigt tremblant
Montrait à tous les morts errant sur les rivages
Le fils audacieux qui railla son front blanc.

Frissonnant sous son deuil, la chaste et maigre Elvire,
Près de l'époux perfide et qui fut son amant,
Semblait lui réclamer un suprême sourire
Où brillât la douceur de son premier serment.

Tout droit dans son armure, un grand homme de pierre
Se tenait à la barre et coupait le flot noir ;
Mais le calme héros, courbé sur sa rapière,
Regardait le sillage et ne daignait rien voir.

XVI

CHÂTIMENT DE L'ORGUEIL

En ces temps merveilleux où la Théologie
Fleurit avec le plus de séve et d'énergie,
On raconte qu'un jour un docteur des plus grands,
— Après avoir forcé les cœurs indifférents;
Les avoir remués dans leurs profondeurs noires;
Après avoir franchi vers les célestes gloires
Des chemins singuliers à lui-même inconnus,
Où les purs Esprits seuls peut-être étaient venus, —
Comme un homme monté trop haut, pris de panique,
S'écria, transporté d'un orgueil satanique :
« Jésus, petit Jésus! je t'ai poussé bien haut!
Mais, si j'avais voulu t'attaquer au défaut
De l'armure, ta honte égalerait ta gloire,
Et tu ne serais plus qu'un fœtus dérisoire! »

Immédiatement sa raison s'en alla.
L'éclat de ce soleil d'un crêpe se voila;
Tout le chaos roula dans cette intelligence,
Temple autrefois vivant, plein d'ordre et d'opulence,
Sous les plafonds duquel tant de pompe avait lui.
Le silence et la nuit s'installèrent en lui,
Comme dans un caveau dont la clef est perdue.
Dès lors il fut semblable aux bêtes de la rue,
Et, quand il s'en allait sans rien voir, à travers
Les champs, sans distinguer les étés des hivers,
Sale, inutile et laid comme une chose usée,
Il faisait des enfants la joie et la risée.

XVII

LA BEAUTÉ

Je suis belle, ô mortels! comme un rêve de pierre,
Et mon sein, où chacun s'est meurtri tour à tour,
Est fait pour inspirer au poëte un amour
Éternel et muet ainsi que la matière.

Je trône dans l'azur comme un sphinx incompris;
J'unis un cœur de neige à la blancheur des cygnes;
Je hais le mouvement qui déplace les lignes,
Et jamais je ne pleure et jamais je ne ris.

Les poëtes, devant mes grandes attitudes,
Que j'ai l'air d'emprunter aux plus fiers monuments,
Consumeront leurs jours en d'austères études;

Car j'ai, pour fasciner ces dociles amants,
De purs miroirs qui font toutes choses plus belles :
Mes yeux, mes larges yeux aux clartés éternelles!·

XVIII

L'IDÉAL

Ce ne seront jamais ces beautés de vignettes,
Produits avariés, nés d'un siècle vaurien,
Ces pieds à brodequins, ces doigts à castagnettes,
Qui sauront satisfaire un cœur comme le mien.

Je laisse à Gavarni, poëte des chloroses,
Son troupeau gazouillant de beautés d'hôpital,
Car je ne puis trouver parmi ces pâles roses
Une fleur qui ressemble à mon rouge idéal.

Ce qu'il faut à ce cœur profond comme un abîme,
C'est vous, Lady Macbeth, âme puissante au crime,
Rêve d'Eschyle éclos au climat des autans;

Ou bien toi, grande Nuit, fille de Michel-Ange,
Qui tors paisiblement dans une pose étrange
Tes appas façonnés aux bouches des Titans!

XIX

LA GÉANTE

Du temps que la Nature en sa verve puissante
Concevait chaque jour des enfants monstrueux,
J'eusse aimé vivre auprès d'une jeune géante,
Comme aux pieds d'une reine un chat voluptueux.

J'eusse aimé voir son corps fleurir avec son âme
Et grandir librement dans ses terribles jeux;
Deviner si son cœur couve une sombre flamme
Aux humides brouillards qui nagent dans ses yeux;

Parcourir à loisir ses magnifiques formes;
Ramper sur le versant de ses genoux énormes,
Et parfois en été, quand les soleils malsains,

Lasse, la font s'étendre à travers la campagne,
Dormir nonchalamment à l'ombre de ses seins,
Comme un hameau paisible au pied d'une montagne.

XX

LE MASQUE

Statue allégorique dans le goût de la Renaissance

A Ernest Christophe
statuaire.

Contemplons ce trésor de grâces florentines;
Dans l'ondulation de ce corps musculeux
L'Élégance et la Force abondent, sœurs divines.
Cette femme, morceau vraiment miraculeux,
Divinement robuste, adorablement mince,
Est faite pour trôner sur des lits somptueux,
Et charmer les loisirs d'un pontife ou d'un prince.

— Aussi, vois ce souris fin et voluptueux
Où la Fatuité promène son extase;
Ce long regard sournois, langoureux et moqueur;
Ce visage mignard, tout encadré de gaze.
Dont chaque trait nous dit avec un air vainqueur :
« La Volupté m'appelle et l'Amour me couronne! »
A cet être doué de tant de majesté
Vois quel charme excitant la gentillesse donne!
Approchons, et tournons autour de sa beauté.

O blasphème de l'art! ô surprise fatale!
La femme au corps divin, promettant le bonheur,
Par le haut se termine en monstre bicéphale!

— Mais non! ce n'est qu'un masque, un décor suborneur,
Ce visage éclairé d'une exquise grimace,
Et, regarde, voici, crispée atrocement,
La véritable tête, et la sincère face
Renversée à l'abri de la face qui ment.
Pauvre grande beauté! le magnifique fleuve
De tes pleurs aboutit dans mon cœur soucieux;
Ton mensonge m'enivre, et mon âme s'abreuve
Aux flots que la Douleur fait jaillir de tes yeux!

— Mais pourquoi pleure-t-elle? Elle, beauté parfaite
Qui mettrait à ses pieds le genre humain vaincu,
Quel mal mystérieux ronge son flanc d'athlète?

— Elle pleure, insensé, parce qu'elle a vécu!
Et parce qu'elle vit! Mais ce qu'elle déplore
Surtout, ce qui la fait frémir jusqu'aux genoux,
C'est que demain, hélas! il faudra vivre encore!
Demain, après-demain et toujours! — comme nous!

XXI

HYMNE A LA BEAUTÉ

Viens-tu du ciel profond ou sors-tu de l'abîme,
O Beauté? ton regard, infernal et divin,
Verse confusément le bienfait et le crime,
Et l'on peut pour cela te comparer au vin.

Tu contiens dans ton œil le couchant et l'aurore;
Tu répands des parfums comme un soir orageux;
Tes baisers sont un philtre et ta bouche une amphore
Qui font le héros lâche et l'enfant courageux.

Sors-tu du gouffre noir ou descends-tu des astres?
Le Destin charmé suit tes jupons comme un chien;
Tu sèmes au hasard la joie et les désastres,
Et tu gouvernes tout et ne réponds de rien.

Tu marches sur des morts, Beauté, dont tu te moques;
De tes bijoux l'Horreur n'est pas le moins charmant,
Et le Meurtre, parmi tes plus chères breloques,
Sur ton ventre orgueilleux danse amoureusement.

L'éphémère ébloui vole vers toi, chandelle,
Crépite, flambe et dit : Bénissons ce flambeau!
L'amoureux pantelant incliné sur sa belle
A l'air d'un moribond caressant son tombeau.

Que tu viennes du ciel ou de l'enfer, qu'importe,
O Beauté! monstre énorme, effrayant, ingénu!
Si ton œil, ton souris, ton pied, m'ouvrent la porte
D'un Infini que j'aime et n'ai jamais connu?

De Satan ou de Dieu, qu'importe? Ange ou Sirène,
Qu'importe, si tu rends, — fée aux yeux de velours,
Rhythme, parfum, lueur, ô mon unique reine! —
L'univers moins hideux et les instants moins lourds?

XXII

PARFUM EXOTIQUE

Quand, les deux yeux fermés, en un soir chaud d'au-
Je respire l'odeur de ton sein chaleureux,   [tomne,
Je vois se dérouler des rivages heureux
Qu'éblouissent les feux d'un soleil monotone;

Une île paresseuse où la nature donne
Des arbres singuliers et des fruits savoureux;
Des hommes dont le corps est mince et vigoureux,
Et des femmes dont l'œil par sa franchise étonne.

Guidé par ton odeur vers de charmants climats,
Je vois un port rempli de voiles et de mâts
Encor tout fatigués par la vague marine,

Pendant que le parfum des verts tamariniers,
Qui circule dans l'air et m'enfle la narine,
Se mêle dans mon âme au chant des mariniers.

XXIII

LA CHEVELURE

O toison, moutonnant jusque sur l'encolure!
O boucles! O parfum chargé de nonchaloir!
Extase! Pour peupler ce soir l'alcôve obscure
Des souvenirs dormant dans cette chevelure,
Je la veux agiter dans l'air comme un mouchoir!

La langoureuse Asie et la brûlante Afrique,
Tout un monde lointain, absent, presque défunt,
Vit dans tes profondeurs, forêt aromatique!
Comme d'autres esprits voguent sur la musique,
Le mien, ô mon amour! nage sur ton parfum.

J'irai là-bas où l'arbre et l'homme, pleins de séve,
Se pâment longuement sous l'ardeur des climats;
Fortes tresses, soyez la houle qui m'enlève!
Tu contiens, mer d'ébène, un éblouissant rêve
De voiles, de rameurs, de flammes et de mâts :

Un port retentissant où mon âme peut boire
A grands flots le parfum, le son et la couleur;
Où les vaisseaux, glissant dans l'or et dans la moire,
Ouvrent leurs vastes bras pour embrasser la gloire
D'un ciel pur où frémit l'éternelle chaleur.

Je plongerai ma tête amoureuse d'ivresse
Dans ce noir océan où l'autre est enfermé;
Et mon esprit subtil que le roulis caresse
Saura vous retrouver, ô féconde paresse!
Infinis bercements du loisir embaumé!

Cheveux bleus, pavillon de ténèbres tendues,
Vous me rendez l'azur du ciel immense et rond;
Sur les bords duvetés de vos mèches tordues
Je m'enivre ardemment des senteurs confondues
De l'huile de coco, du musc et du goudron.

Longtemps! toujours! ma main dans ta crinière lourde
Sèmera le rubis, la perle et le saphir,
Afin qu'à mon désir tu ne sois jamais sourde!
N'es-tu pas l'oasis où je rêve, et la gourde
Où je hume à longs traits le vin du souvenir?

XXIV

Je t'adore à l'égal de la voûte nocturne,
O vase de tristesse, ô grande taciturne,
Et t'aime d'autant plus, belle, que tu me fuis,
Et que tu me parais, ornement de mes nuits,
Plus ironiquement accumuler les lieues
Qui séparent mes bras des immensités bleues.

Je m'avance à l'attaque, et je grimpe aux assauts,
Comme après un cadavre un chœur de vermisseaux,
Et je chéris, ô bête implacable et cruelle!
Jusqu'à cette froideur par où tu m'es plus belle!

XXV

Tu mettrais l'univers entier dans ta ruelle,
Femme impure! L'ennui rend ton âme cruelle.
Pour exercer tes dents à ce jeu singulier,
Il te faut chaque jour un cœur au râtelier.
Tes yeux, illuminés ainsi que des boutiques
Et des ifs flamboyants dans les fêtes publiques,
Usent insolemment d'un pouvoir emprunté,
Sans connaître jamais la loi de leur beauté.

Machine aveugle et sourde, en cruautés féconde!
Salutaire instrument, buveur du sang du monde,
Comment n'as-tu pas honte et comment n'as-tu pas
Devant tous les miroirs vu pâlir tes appas?
La grandeur de ce mal où tu te crois savante
Ne t'a donc jamais fait reculer d'épouvante,
Quand la nature, grande en ses desseins cachés,
De toi se sert, ô femme, ô reine des péchés,
— De toi, vil animal, — pour pétrir un génie?

O fangeuse grandeur! sublime ignominie!

XXVI

SED NON SATIATA

Bizarre déité, brune comme les nuits,
Au parfum mélangé de musc et de havane,
Œuvre de quelque obi, le Faust de la savane,
Sorcière au flanc d'ébène, enfant des noirs minuits,

Je préfère au constance, à l'opium, au nuits,
L'élixir de ta bouche où l'amour se pavane;
Quand vers toi mes désirs partent en caravane,
Tes yeux sont la citerne où boivent mes ennuis.

Par ces deux grands yeux noirs, soupiraux de ton âme,
O démon sans pitié! verse-moi moins de flamme;
Je ne suis pas le Styx pour t'embrasser neuf fois,

Hélas! et je ne puis, Mégère libertine,
Pour briser ton courage et te mettre aux abois,
Dans l'enfer de ton lit devenir Proserpine!

XXVII

Avec ses vêtements ondoyants et nacrés,
Même quand elle marche on croirait qu'elle danse,
Comme ces longs serpents que les jongleurs sacrés
Au bout de leurs bâtons agitent en cadence.

Comme le sable morne et l'azur des déserts,
Insensibles tous deux à l'humaine souffrance,
Comme les longs réseaux de la houle des mers,
Elle se développe avec indifférence.

Ses yeux polis sont faits de minéraux charmants,
Et dans cette nature étrange et symbolique
Où l'ange inviolé se mêle au sphinx antique,

Où tout n'est qu'or, acier, lumière et diamants,
Resplendit à jamais, comme un astre inutile,
La froide majesté de la femme stérile.

XXVIII

LE SERPENT QUI DANSE

Que j'aime voir, chère indolente,
    De ton corps si beau,
Comme une étoffe vacillante,
    Miroiter la peau !

Sur ta chevelure profonde
    Aux âcres parfums,
Mer odorante et vagabonde
    Aux flots bleus et bruns,

Comme un navire qui s'éveille
    Au vent du matin,
Mon âme rêveuse appareille
    Pour un ciel lointain.

Tes yeux, où rien ne se révèle
    De doux ni d'amer,
Sont deux bijoux froids où se mêle
    L'or avec le fer.

A te voir marcher en cadence,
    Belle d'abandon,
On dirait un serpent qui danse
    Au bout d'un bâton.

Sous le fardeau de ta paresse
    Ta tête d'enfant
Se balance avec la mollesse
    D'un jeune éléphant,

Et ton corps se penche et s'allonge
    Comme un fin vaisseau
Qui roule bord sur bord et plonge
    Ses vergues dans l'eau.

Comme un flot grossi par la fonte
    Des glaciers grondants,
Quand l'eau de ta bouche remonte
    Au bord de tes dents,

Je crois boire un vin de Bohême,
    Amer et vainqueur,
Un ciel liquide qui parsème
    D'étoiles mon cœur!

XXIX

UNE CHAROGNE

Rappelez-vous l'objet que nous vîmes, mon âme,
    Ce beau matin d'été si doux :
Au détour d'un sentier une charogne infâme
    Sur un lit semé de cailloux,

Les jambes en l'air, comme une femme lubrique,
    Brûlante et suant les poisons,
Ouvrait d'une façon nonchalante et cynique
    Son ventre plein d'exhalaisons.

Le soleil rayonnait sur cette pourriture,
      Comme afin de la cuire à point,
Et de rendre au centuple à la grande Nature
      Tout ce qu'ensemble elle avait joint;

Et le ciel regardait la carcasse superbe
      Comme une fleur s'épanouir.
La puanteur était si forte, que sur l'herbe
      Vous crûtes vous évanouir.

Les mouches bourdonnaient sur ce ventre putride,
      D'où sortaient de noirs bataillons
De larves, qui coulaient comme un épais liquide
      Le long de ces vivants haillons.

Tout cela descendait, montait comme une vague,
      Ou s'élançait en petillant;
On eût dit que le corps, enflé d'un souffle vague,
      Vivait en se multipliant.

Et ce monde rendait une étrange musique,
      Comme l'eau courante et le vent,
Ou le grain qu'un vanneur d'un mouvement rhythmique
      Agite et tourne dans son van.

Les formes s'effaçaient et n'étaient plus qu'un rêve,
      Une ébauche lente à venir,
Sur la toile oubliée, et que l'artiste achève
      Seulement par le souvenir.

Derrière les rochers une chienne inquiète
      Nous regardait d'un œil fâché,
Épiant le moment de reprendre au squelette
      Le morceau qu'elle avait lâché.

— Et pourtant vous serez semblable à cette ordure,
      A cette horrible infection,
Étoile de mes yeux, soleil de ma nature,
      Vous, mon ange et ma passion!

Oui! telle vous serez, ô la reine des grâces,
      Après les derniers sacrements,
Quand vous irez, sous l'herbe et les floraisons grasses,
      Moisir parmi les ossements.

Alors, ô ma beauté! dites à la vermine
      Qui vous mangera de baisers,
Que j'ai gardé la forme et l'essence divine
      De mes amours décomposés!

XXX

DE PROFUNDIS CLAMAVI

J'implore ta pitié, Toi, l'unique que j'aime,
Du fond du gouffre obscur où mon cœur est tombé.
C'est un univers morne à l'horizon plombé,
Où nagent dans la nuit l'horreur et le blasphème;

Un soleil sans chaleur plane au-dessus six mois,
Et les six autres mois la nuit couvre la terre;
C'est un pays plus nu que la terre polaire;
— Ni bêtes, ni ruisseaux, ni verdure, ni bois!

Or il n'est pas d'horreur au monde qui surpasse
La froide cruauté de ce soleil de glace
Et cette immense nuit semblable au vieux Chaos;

Je jalouse le sort des plus vils animaux
Qui peuvent se plonger dans un sommeil stupide,
Tant l'écheveau du temps lentement se dévide!

XXXI

LE VAMPIRE

Toi qui, comme un coup de couteau,
Dans mon cœur plaintif es entrée;
Toi qui, forte comme un troupeau
De démons, vins, folle et parée,

De mon esprit humilié
Faire ton lit et ton domaine;
— Infâme à qui je suis lié
Comme le forçat à la chaîne,

Comme au jeu le joueur têtu,
Comme à la bouteille l'ivrogne,
Comme aux vermines la charogne,
— Maudite, maudite sois-tu!

J'ai prié le glaive rapide
De conquérir ma liberté,
Et j'ai dit au poison perfide
De secourir ma lâcheté.

Hélas! le poison et le glaive
M'ont pris en dédain et m'ont dit :
« Tu n'es pas digne qu'on t'enlève
A ton esclavage maudit,

Imbécile ! — de son empire
Si nos efforts te délivraient,
Tes baisers ressusciteraient
Le cadavre de ton vampire ! »

XXXII

Une nuit que j'étais près d'une affreuse Juive,
Comme au long d'un cadavre un cadavre étendu,
Je me pris à songer près de ce corps vendu
A la triste beauté dont mon désir se prive.

Je me représentai sa majesté native,
Son regard de vigueur et de grâces armé,
Ses cheveux qui lui font un casque parfumé,
Et dont le souvenir pour l'amour me ravive.

Car j'eusse avec ferveur baisé ton noble corps,
Et depuis tes pieds frais jusqu'à tes noires tresses
Déroulé le trésor des profondes caresses,

Si, quelque soir, d'un pleur obtenu sans effort
Tu pouvais seulement, ô reine des cruelles !
Obscurcir la splendeur de tes froides prunelles.

XXXIII

REMORDS POSTHUME

Lorsque tu dormiras, ma belle ténébreuse,
Au fond d'un monument construit en marbre noir,
Et lorsque tu n'auras pour alcôve et manoir
Qu'un caveau pluvieux et qu'une fosse creuse ;

Quand la pierre, opprimant ta poitrine peureuse
Et tes flancs qu'assouplit un charmant nonchaloir,
Empêchera ton cœur de battre et de vouloir,
Et tes pieds de courir leur course aventureuse,

Le tombeau, confident de mon rêve infini
(Car le tombeau toujours comprendra le poëte),
Durant ces grandes nuits d'où le somme est banni,

Te dira : « Que vous sert, courtisane imparfaite,
De n'avoir pas connu ce que pleurent les morts? »
— Et le ver rongera ta peau comme un remords.

XXXIV

LE CHAT

Viens, mon beau chat, sur mon cœur amoureux;
    Retiens les griffes de ta patte,
Et laisse-moi plonger dans tes beaux yeux,
    Mêlés de métal et d'agate.

Lorsque mes doigts caressent à loisir
    Ta tête et ton dos élastique,
Et que ma main s'enivre du plaisir
    De palper ton corps électrique,

Je vois ma femme en esprit. Son regard,
    Comme le tien, aimable bête,
Profond et froid, coupe et fend comme un dard,

    Et, des pieds jusques à la tête,
Un air subtil, un dangereux parfum,
    Nagent autour de son corps brun.

XXXV

DUELLUM

Deux guerriers ont couru l'un sur l'autre ; leurs armes
Ont éclaboussé l'air de lueurs et de sang.
Ces jeux, ces cliquetis du fer sont les vacarmes
D'une jeunesse en proie à l'amour vagissant.

Les glaives sont brisés ! comme notre jeunesse,
Ma chère ! Mais les dents, les ongles acérés,
Vengent bientôt l'épée et la dague traîtresse.
— O fureur des cœurs mûrs par l'amour ulcérés !

Dans le ravin hanté des chats-pards et des onces
Nos héros, s'étreignant méchamment, ont roulé,
Et leur peau fleurira l'aridité des ronces.

— Ce gouffre, c'est l'enfer, de nos amis peuplé !
Roulons-y sans remords, amazone inhumaine,
Afin d'éterniser l'ardeur de notre haine !

XXXVI

LE BALCON

Mère des souvenirs, maîtresse des maîtresses,
O toi, tous mes plaisirs ! ô toi, tous mes devoirs !
Tu te rappelleras la beauté des caresses,
La douceur du foyer et le charme des soirs,
Mère des souvenirs, maîtresse des maîtresses !

Les soirs illuminés par l'ardeur du charbon,
Et les soirs au balcon, voilés de vapeurs roses.
Que ton sein m'était doux! que ton cœur m'était bon!
Nous avons dit souvent d'impérissables choses
Les soirs illuminés par l'ardeur du charbon.

Que les soleils sont beaux dans les chaudes soirées!
Que l'espace est profond! que le cœur est puissant!
En me penchant vers toi, reine des adorées,
Je croyais respirer le parfum de ton sang.
Que les soleils sont beaux dans les chaudes soirées!

La nuit s'épaississait ainsi qu'une cloison,
Et mes yeux dans le noir devinaient tes prunelles,
Et je buvais ton souffle, ô douceur! ô poison!
Et tes pieds s'endormaient dans mes mains fraternelles.
La nuit s'épaississait ainsi qu'une cloison.

Je sais l'art d'évoquer les minutes heureuses,
Et revis mon passé blotti dans tes genoux.
Car à quoi bon chercher tes beautés langoureuses
Ailleurs qu'en ton cher corps et qu'en ton cœur si doux?
Je sais l'art d'évoquer les minutes heureuses!

Ces serments, ces parfums, ces baisers infinis,
Renaîtront-ils d'un gouffre interdit à nos sondes,
Comme montent au ciel les soleils rajeunis
Après s'être lavés au fond des mers profondes?
— O serments! ô parfums! ô baisers infinis!

XXXVII

LE POSSÉDÉ

Le soleil s'est couvert d'un crêpe. Comme lui,
O Lune de ma vie! emmitoufle-toi d'ombre;
Dors ou fume à ton gré; sois muette, sois sombre,
Et plonge tout entière au gouffre de l'Ennui;

Je t'aime ainsi! Pourtant, si tu veux aujourd'hui,
Comme un astre éclipsé qui sort de la pénombre,
Te pavaner aux lieux que la Folie encombre,
C'est bien! Charmant poignard, jaillis de ton étui!

Allume ta prunelle à la flamme des lustres!
Allume le désir dans les regards des rustres!
Tout de toi m'est plaisir, morbide ou pétulant;

Sois ce que tu voudras, nuit noire, rouge aurore;
Il n'est pas une fibre en tout mon corps tremblant
Qui ne crie : *O mon cher Belzébuth, je t'adore!*

XXXVIII

UN FANTÔME

I

LES TÉNÈBRES

Dans les caveaux d'insondable tristesse
Où le Destin m'a déjà relégué;
Où jamais n'entre un rayon rose et gai;
Où, seul avec la Nuit, maussade hôtesse,

Je suis comme un peintre qu'un Dieu moqueur
Condamne à peindre, hélas! sur les ténèbres;
Où, cuisinier aux appétits funèbres,
Je fais bouillir et je mange mon cœur,

Par instants brille, et s'allonge, et s'étale
Un spectre fait de grâce et de splendeur.
A sa rêveuse allure orientale,

Quand il atteint sa totale grandeur,
Je reconnais ma belle visiteuse :
C'est Elle! noire et pourtant lumineuse.

II

LE PARFUM

Lecteur, as-tu quelquefois respiré
Avec ivresse et lente gourmandise
Ce grain d'encens qui remplit une église,
Ou d'un sachet le musc invétéré?

Charme profond, magique, dont nous grise
Dans le présent le passé restauré!
Ainsi l'amant sur un corps adoré
Du souvenir cueille la fleur exquise.

De ses cheveux élastiques et lourds,
Vivant sachet, encensoir de l'alcôve,
Une senteur montait, sauvage et fauve,

Et des habits, mousseline ou velours,
Tout imprégnés de sa jeunesse pure,
Se dégageait un parfum de fourrure.

III

LE CADRE

Comme un beau cadre ajoute à la peinture,
Bien qu'elle soit d'un pinceau très-vanté,
Je ne sais quoi d'étrange et d'enchanté
En l'isolant de l'immense nature,

Ainsi bijoux, meubles, métaux, dorure,
S'adaptaient juste à sa rare beauté;
Rien n'offusquait sa parfaite clarté,
Et tout semblait lui servir de bordure.

Même on eût dit parfois qu'elle croyait
Que tout voulait l'aimer; elle noyait
Sa nudité voluptueusement

Dans les baisers du satin et du linge,
Et, lente ou brusque, à chaque mouvement
Montrait la grâce enfantine du singe.

IV

LE PORTRAIT

La Maladie et la Mort font des cendres
De tout le feu qui pour nous flamboya.
De ces grands yeux si fervents et si tendres,
De cette bouche où mon cœur se noya,

De ces baisers puissants comme un dictame,
De ces transports plus vifs que des rayons,
Que reste-t-il? C'est affreux, ô mon âme!
Rien qu'un dessin fort pâle, aux trois crayons,

Qui, comme moi, meurt dans la solitude,
Et que le Temps, injurieux vieillard,
Chaque jour frotte avec son aile rude...

Noir assassin de la Vie et de l'Art,
Tu ne tueras jamais dans ma mémoire
Celle qui fut mon plaisir et ma gloire !

XXXIX

Je te donne ces vers afin que si mon nom
Aborde heureusement aux époques lointaines,
Et fait rêver un soir les cervelles humaines,
Vaisseau favorisé par un grand aquilon,

Ta mémoire, pareille aux fables incertaines,
Fatigue le lecteur ainsi qu'un tympanon,
Et par un fraternel et mystique chaînon
Reste comme pendue à mes rimes hautaines ;

Être maudit à qui, de l'abîme profond
Jusqu'au plus haut du ciel, rien, hors moi, ne répond !
— O toi qui, comme une ombre à la trace éphémère,

Foules d'un pied léger et d'un regard serein
Les stupides mortels qui t'ont jugée amère,
Statue aux yeux de jais, grand ange au front d'airain !

XL

SEMPER EADEM

D'où vous vient, disiez-vous, cette tristesse étrange
Montant comme la mer sur le roc noir et nu? »
— Quand notre cœur a fait une fois sa vendange,
Vivre est un mal. C'est un secret de tous connu,

Une douleur très-simple et non mystérieuse,
Et, comme votre joie, éclatante pour tous.
Cessez donc de chercher, ô belle curieuse!
Et, bien que votre voix soit douce, taisez-vous!

Taisez-vous, ignorante! âme toujours ravie!
Bouche au rire enfantin! Plus encor que la Vie,
La Mort nous tient souvent par des liens subtils.

Laissez, laissez mon cœur s'enivrer d'un *mensonge*,
Plonger dans vos beaux yeux comme dans un beau songe
Et sommeiller longtemps à l'ombre de vos cils!

XLI

TOUT ENTIÈRE

Le Démon, dans ma chambre haute,
Ce matin est venu me voir,
Et, tâchant à me prendre en faute,
Me dit : « Je voudrais bien savoir,

Parmi toutes les belles choses
Dont est fait son enchantement,
Parmi les objets noirs ou roses
Qui composent son corps charmant,

Quel est le plus doux. » — O mon âme!
Tu répondis à l'Abhorré :
« Puisqu'en Elle tout est dictame,
Rien ne peut être préféré.

Lorsque tout me ravit, j'ignore
Si quelque chose me séduit.
Elle éblouit comme l'Aurore
Et console comme la Nuit;

Et l'harmonie est trop exquise,
Qui gouverne tout son beau corps,
Pour que l'impuissante analyse
En note les nombreux accords.

O métamorphose mystique
De tous mes sens fondus en un!
Son haleine fait la musique,
Comme sa voix fait le parfum! »

XLII

Que diras-tu ce soir, pauvre âme solitaire,
Que diras-tu, mon cœur, cœur autrefois flétri,
A la très-belle, à la très-bonne, à la très-chère,
Dont le regard divin t'a soudain refleuri?

— Nous mettrons notre orgueil à chanter ses louanges :
Rien ne vaut la douceur de son autorité;
Sa chair spirituelle a le parfum des Anges,
Et son œil nous revêt d'un habit de clarté.

Que ce soit dans la nuit et dans la solitude,
Que ce soit dans la rue et dans la multitude,
Son fantôme dans l'air danse comme un flambeau.

Parfois il parle et dit : « Je suis belle, et j'ordonne
Que pour l'amour de moi vous n'aimiez que le Beau;
Je suis l'Ange gardien, la Muse et la Madone. »

XLIII

LE FLAMBEAU VIVANT

Ils marchent devant moi, ces Yeux pleins de lumières,
Qu'un Ange très-savant a sans doute aimantés;
Ils marchent, ces divins frères qui sont mes frères,
Secouant dans mes yeux leurs feux diamantés.

Me sauvant de tout piége et de tout péché grave,
Ils conduisent mes pas dans la route du Beau;
Ils sont mes serviteurs et je suis leur esclave;
Tout mon être obéit à ce vivant flambeau.

Charmants Yeux, vous brillez de la clarté mystique
Qu'ont les cierges brûlant en plein jour; le soleil
Rougit, mais n'éteint pas leur flamme fantastique;

Ils célèbrent la Mort, vous chantez le Réveil;
Vous marchez en chantant le réveil de mon âme,
Astres dont nul soleil ne peut flétrir la flamme!

XLIV

RÉVERSIBILITÉ

Ange plein de gaieté, connaissez-vous l'angoisse,
La honte, les remords, les sanglots, les ennuis,
Et les vagues terreurs de ces affreuses nuits
Qui compriment le cœur comme un papier qu'on froisse?
Ange plein de gaieté, connaissez-vous l'angoisse?

Ange plein de bonté, connaissez-vous la haine,
Les poings crispés dans l'ombre et les larmes de fiel,
Quand la Vengeance bat son infernal rappel,
Et de nos facultés se fait le capitaine?
Ange plein de bonté, connaissez-vous la haine?

Ange plein de santé, connaissez-vous les Fièvres,
Qui, le long des grands murs de l'hospice blafard,
Comme des exilés, s'en vont d'un pied traînard,
Cherchant le soleil rare et remuant les lèvres?
Ange plein de santé, connaissez-vous les Fièvres?

Ange plein de beauté, connaissez-vous les rides,
Et la peur de vieillir, et ce hideux tourment
De lire la secrète horreur du dévouement
Dans des yeux où longtemps burent nos yeux avides?
Ange plein de beauté, connaissez-vous les rides?

Ange plein de bonheur, de joie et de lumières,
David mourant aurait demandé la santé
Aux émanations de ton corps enchanté;
Mais de toi je n'implore, ange, que tes prières,
Ange plein de bonheur, de joie et de lumières!

XLV

CONFESSION

Une fois, une seule, aimable et douce femme,
    A mon bras votre bras poli
S'appuya (sur le fond ténébreux de mon âme
    Ce souvenir n'est point pâli);

Il était tard; ainsi qu'une médaille neuve
    La pleine lune s'étalait,
Et la solennité de la nuit, comme un fleuve,
    Sur Paris dormant ruisselait.

Et le long des maisons, sous les portes cochères,
    Des chats passaient furtivement,
L'oreille au guet, ou bien, comme des ombres chères,
    Nous accompagnaient lentement.

Tout à coup, au milieu de l'intimité libre
    Éclose à la pâle clarté,
De vous, riche et sonore instrument où ne vibre
    Que la radieuse gaieté,

De vous, claire et joyeuse ainsi qu'une fanfare
    Dans le matin étincelant,
Une note plaintive, une note bizarre
    S'échappa, tout en chancelant

Comme une enfant chétive, horrible, sombre, immonde,
    Dont sa famille rougirait,
Et qu'elle aurait longtemps, pour la cacher au monde,
    Dans un caveau mise au secret.

Pauvre ange, elle chantait, votre note criarde :
    « Que rien ici-bas n'est certain,
Et que toujours, avec quelque soin qu'il se farde,
    Se trahit l'égoïsme humain;

Que c'est un dur métier que d'être belle femme,
    Et que c'est le travail banal
De la danseuse folle et froide qui se pâme
    Dans un sourire machinal;

Que bâtir sur les cœurs est une chose sotte;
    Que tout craque, amour et beauté,
Jusqu'à ce que l'Oubli les jette dans sa hotte
    Pour les rendre à l'Éternité! »

J'ai souvent évoqué cette lune enchantée,
    Ce silence et cette langueur,
Et cette confidence horrible chuchotée
    Au confessionnal du cœur.

XLVI

L'AUBE SPIRITUELLE

Quand chez les débauchés l'aube blanche et vermeille
Entre en société de l'Idéal rongeur,
Par l'opération d'un mystère vengeur
Dans la brute assoupie un ange se réveille.

Des Cieux Spirituels l'inaccessible azur,
Pour l'homme terrassé qui rêve encore et souffre,
S'ouvre et s'enfonce avec l'attirance du gouffre.
Ainsi, chère Déesse, Être lucide et pur,

Sur les débris fumeux des stupides orgies
Ton souvenir plus clair, plus rose, plus charmant,
A mes yeux agrandis voltige incessamment.

Le soleil a noirci la flamme des bougies;
Ainsi, toujours vainqueur, ton fantôme est pareil,
Ame resplendissante, à l'immortel soleil!

XLVII

HARMONIE DU SOIR

Voici venir les temps où vibrant sur sa tige
Chaque fleur s'évapore ainsi qu'un encensoir;
Les sons et les parfums tournent dans l'air du soir;
Valse mélancolique et langoureux vertige!

Chaque fleur s'évapore ainsi qu'un encensoir;
Le violon frémit comme un cœur qu'on afflige;
Valse mélancolique et langoureux vertige!
Le ciel est triste et beau comme un grand reposoir.

Le violon frémit comme un cœur qu'on afflige,
Un cœur tendre, qui hait le néant vaste et noir!
Le ciel est triste et beau comme un grand reposoir;
Le soleil s'est noyé dans son sang qui se fige.

Un cœur tendre, qui hait le néant vaste et noir,
Du passé lumineux recueille tout vestige!
Le soleil s'est noyé dans son sang qui se fige...
Ton souvenir en moi luit comme un ostensoir!

XLVIII

LE FLACON

Il est de forts parfums pour qui toute matière
Est poreuse. On dirait qu'ils pénètrent le verre.
En ouvrant un coffret venu de l'Orient
Dont la serrure grince et rechigne en criant,

Ou dans une maison déserte quelque armoire
Pleine de l'âcre odeur des temps, poudreuse et noire,
Parfois on trouve un vieux flacon qui se souvient,
D'où jaillit toute vive une âme qui revient.

Mille pensers dormaient, chrysalides funèbres,
Frémissant doucement dans les lourdes ténèbres,
Qui dégagent leur aile et prennent leur essor,
Teintés d'azur, glacés de rose, lamés d'or.

Voilà le souvenir enivrant qui voltige
Dans l'air troublé; les yeux se ferment; le Vertige
Saisit l'âme vaincue et la pousse à deux mains
Vers un gouffre obscurci de miasmes humains;

Il la terrasse au bord d'un gouffre séculaire,
Où, Lazare odorant déchirant son suaire,
Se meut dans son réveil le cadavre spectral
D'un vieil amour ranci, charmant et sépulcral.

Ainsi, quand je serai perdu dans la mémoire
Des hommes, dans le coin d'une sinistre armoire
Quand on m'aura jeté, vieux flacon désolé,
Décrépit, poudreux, sale, abject, visqueux, fêlé,

Je serai ton cercueil, aimable pestilence!
Le témoin de ta force et de ta virulence,
Cher poison préparé par les anges! liqueur
Qui me ronge, ô la vie et la mort de mon cœur!

XLIX

LE POISON

Le vin sait revêtir le plus sordide bouge
      D'un luxe miraculeux,
Et fait surgir plus d'un portique fabuleux
      Dans l'or de sa vapeur rouge,
Comme un soleil couchant dans un ciel nébuleux.

L'opium agrandit ce qui n'a pas de bornes,
      Allonge l'illimité,
Approfondit le temps, creuse la volupté,
      Et de plaisirs noirs et mornes
Remplit l'âme au delà de sa capacité.

Tout cela ne vaut pas le poison qui découle
      De tes yeux, de tes yeux verts,
Lacs où mon âme tremble et se voit à l'envers...
      Mes songes viennent en foule
Pour se désaltérer à ces gouffres amers.

Tout cela ne vaut pas le terrible prodige
      De ta salive qui mord,
Qui plonge dans l'oubli mon âme sans remord,
      Et, charriant le vertige,
La roule défaillante aux rives de la mort !

L

CIEL BROUILLÉ

On dirait ton regard d'une vapeur couvert ;
Ton œil mystérieux (est-il bleu, gris ou vert ?)
Alternativement tendre, rêveur, cruel,
Réfléchit l'indolence et la pâleur du ciel.

Tu rappelles ces jours blancs, tièdes et voilés,
Qui font se fondre en pleurs les cœurs ensorcelés
Quand, agités d'un mal inconnu qui les tord,
Les nerfs trop éveillés raillent l'esprit qui dort.

Tu ressembles parfois à ces beaux horizons
Qu'allument les soleils des brumeuses saisons...
Comme tu resplendis, paysage mouillé
Qu'enflamment les rayons tombant d'un ciel brouillé!

O femme dangereuse, ô séduisants climats!
Adorerai-je aussi ta neige et vos frimas,
Et saurai-je tirer de l'implacable hiver
Des plaisirs plus aigus que la glace et le fer?

LI

LE CHAT

I

Dans ma cervelle se promène,
Ainsi qu'en son appartement,
Un beau chat, fort, doux et charmant.
Quand il miaule, on l'entend à peine,

Tant son timbre est tendre et discret;
Mais que sa voix s'apaise ou gronde,
Elle est toujours riche et profonde.
C'est là son charme et son secret.

Cette voix, qui perle et qui filtre,
Dans mon fonds le plus ténébreux,
Me remplit comme un vers nombreux
Et me réjouit comme un philtre.

Elle endort les plus cruels maux
Et contient toutes les extases;
Pour dire les plus longues phrases,
Elle n'a pas besoin de mots.

Non, il n'est pas d'archet qui morde
Sur mon cœur, parfait instrument,
Et fasse plus royalement
Chanter sa plus vibrante corde,

Que ta voix, chat mystérieux,
Chat séraphique, chat étrange,
En qui tout est, comme en un ange,
Aussi subtil qu'harmonieux!

II

De sa fourrure blonde et brune
Sort un parfum si doux, qu'un soir
J'en fus embaumé, pour l'avoir
Caressée une fois, rien qu'une.

C'est l'esprit familier du lieu;
Il juge, il préside, il inspire
Toutes choses dans son empire;
Peut-être est-il fée, est-il dieu?

Quand mes yeux, vers ce chat que j'aime
Tirés comme par un aimant,
Se retournent docilement
Et que je regarde en moi-même,

Je vois avec étonnement
Le feu de ses prunelles pâles,
Clairs fanaux, vivantes opales,
Qui me contemplent fixement.

LII

LE BEAU NAVIRE

Je veux te raconter, ô molle enchanteresse !
Les diverses beautés qui parent ta jeunesse ;
      Je veux te peindre ta beauté,
Où l'enfance s'allie à la maturité.

Quand tu vas balayant l'air de ta jupe large,
Tu fais l'effet d'un beau vaisseau qui prend le large,
      Chargé de toile, et va roulant
Suivant un rhythme doux, et paresseux, et lent.

Sur ton cou large et rond, sur tes épaules grasses,
Ta tête se pavane avec d'étranges grâces ;
      D'un air placide et triomphant
Tu passes ton chemin, majestueuse enfant.

Je veux te raconter, ô molle enchanteresse !
Les diverses beautés qui parent ta jeunesse ;
      Je veux te peindre ta beauté,
Où l'enfance s'allie à la maturité.

Ta gorge qui s'avance et qui pousse la moire,
Ta gorge triomphante est une belle armoire
      Dont les panneaux bombés et clairs
Comme les boucliers accrochent des éclairs ;

Boucliers provoquants, armés de pointes roses !
Armoire à doux secrets, pleine de bonnes choses,
      De vins, de parfums, de liqueurs
Qui feraient délirer les cerveaux et les cœurs !

Quand tu vas balayant l'air de ta jupe large,
Tu fais l'effet d'un beau vaisseau qui prend le large,
    Chargé de toile, et va roulant
Suivant un rhythme doux, et paresseux, et lent.

Tes nobles jambes, sous les volants qu elles chassent,
Tourmentent les désirs obscurs et les agacent,
    Comme deux sorcières qui font
Tourner un philtre noir dans un vase profond.

Tes bras, qui se joueraient des précoces hercules,
Sont des boas luisants les solides émules,
    Faits pour serrer obstinément,
Comme pour l'imprimer dans ton cœur, ton amant.

Sur ton cou large et rond, sur tes épaules grasses,
Ta tête se pavane avec d'étranges grâces;
    D'un air placide et triomphant
Tu passes ton chemin, majestueuse enfant.

LIII

L'INVITATION AU VOYAGE

    Mon enfant, ma sœur,
    Songe à la douceur
D'aller là-bas vivre ensemble!
    Aimer à loisir,
    Aimer et mourir
Au pays qui te ressemble!
    Les soleils mouillés
    De ces ciels brouillés
Pour mon esprit ont les charmes
    Si mystérieux
    De tes traîtres yeux,
Brillant à travers leurs larmes.

Là, tout n'est qu'ordre et beauté,
Luxe, calme et volupté.

Des meubles luisants,
Polis par les ans,
Décoreraient notre chambre;
Les plus rares fleurs
Mêlant leurs odeurs
Aux vagues senteurs de l'ambre,
Les riches plafonds,
Les miroirs profonds,
La splendeur orientale,
Tout y parlerait
A l'âme en secret
Sa douce langue natale.

Là, tout n'est qu'ordre et beauté,
Luxe, calme et volupté.

Vois sur ces canaux
Dormir ces vaisseaux
Dont l'humeur est vagabonde;
C'est pour assouvir
Ton moindre désir
Qu'ils viennent du bout du monde.
— Les soleils couchants
Revêtent les champs,
Les canaux, la ville entière,
D'hyacinthe et d'or;
Le monde s'endort
Dans une chaude lumière.

Là, tout n'est qu'ordre et beauté.
Luxe, calme et volupté.

LIV

L'IRRÉPARABLE

Pouvons-nous étouffer le vieux, le long Remords,
    Qui vit, s'agite et se tortille,
Et se nourrit de nous comme le ver des morts,
    Comme du chêne la chenille?
Pouvons-nous étouffer l'implacable Remords?

Dans quel philtre, dans quel vin, dans quelle tisane,
    Noierons-nous ce vieil ennemi,
Destructeur et gourmand comme la courtisane,
    Patient comme la fourmi?
Dans quel philtre? — dans quel vin? — dans quelle tisane?

Dis-le, belle sorcière, oh! dis, si tu le sais,
    A cet esprit comblé d'angoisse
Et pareil au mourant qu'écrasent les blessés,
    Que le sabot du cheval froisse,
Dis-le, belle sorcière, oh! dis, si tu le sais,

A cet agonisant que le loup déjà flaire
    Et que surveille le corbeau,
A ce soldat brisé! s'il faut qu'il désespère
    D'avoir sa croix et son tombeau;
Ce pauvre agonisant que déjà le loup flaire!

Peut-on illuminer un ciel bourbeux et noir?
    Peut-on déchirer des ténèbres
Plus denses que la poix, sans matin et sans soir,
    Sans astres, sans éclairs funèbres?
Peut-on illuminer un ciel bourbeux et noir?

L'Espérance qui brille aux carreaux dé l'Auberge
   Est soufflée, est morte à jamais!
Sans lune et sans rayons, trouver où l'on héberge
   Les martyrs d'un chemin mauvais!
Le Diable a tout éteint aux carreaux de l'Auberge!

Adorable sorcière, aimes-tu les damnés?
   Dis, connais-tu l'irrémissible?
Connais-tu le Remords, aux traits empoisonnés,
   A qui notre cœur sert de cible?
Adorable sorcière, aimes-tu les damnés?

L'Irréparable ronge avec sa dent maudite
   Notre âme, piteux monument,
Et souvent il attaque, ainsi que le termite,
   Par la base le bâtiment.
L'Irréparable ronge avec sa dent maudite!

— J'ai vu parfois, au fond d'un théâtre banal
   Qu'enflammait l'orchestre sonore,
Une fée allumer dans un ciel infernal
   Une miraculeuse aurore;
J'ai vu parfois au fond d'un théâtre banal

Un être, qui n'était que lumière, or et gaze,
   Terrasser l'énorme Satan;
Mais mon cœur, que jamais ne visite l'extase,
   Est un théâtre où l'on attend
Toujours, toujours en vain, l'Être aux ailes de gaze!

LV

CAUSERIE

Vous êtes un beau ciel d'automne, clair et rose !
Mais la tristesse en moi monte comme la mer,
Et laisse, en refluant, sur ma lèvre morose
Le souvenir cuisant de son limon amer.

— Ta main se glisse en vain sur mon sein qui se pâme ;
Ce qu'elle cherche, amie, est un lieu saccagé
Par la griffe et la dent féroce de la femme.
Ne cherchez plus mon cœur ; les bêtes l'ont mangé.

Mon cœur est un palais flétri par la cohue ;
On s'y soûle, on s'y tue, on s'y prend aux cheveux !
— Un parfum nage autour de votre gorge nue !...

O Beauté, dur fléau des âmes, tu le veux !
Avec tes yeux de feu, brillants comme des fêtes,
Calcine ces lambeaux qu'ont épargnés les bêtes !

LVI

CHANT D'AUTOMNE

I

Bientôt nous plongerons dans les froides ténèbres ;
Adieu, vive clarté de nos étés trop courts !
J'entends déjà tomber avec des chocs funèbres
Le bois retentissant sur le pavé des cours.

Tout l'hiver va rentrer dans mon être : colère,
Haine, frissons, horreur, labeur dur et forcé,
Et, comme le soleil dans son enfer polaire,
Mon cœur ne sera plus qu'un bloc rouge et glacé.

J'écoute en frémissant chaque bûche qui tombe;
L'échafaud qu'on bâtit n'a pas d'écho plus sourd.
Mon esprit est pareil à la tour qui succombe
Sous les coups du bélier infatigable et lourd.

Il me semble, bercé par ce choc monotone,
Qu'on cloue en grande hâte un cercueil quelque part.
Pour qui? — C'était hier l'été; voici l'automne!
Ce bruit mystérieux sonne comme un départ.

II

J'aime de vos longs yeux la lumière verdâtre,
Douce beauté, mais tout aujourd'hui m'est amer,
Et rien, ni votre amour, ni le boudoir, ni l'âtre,
Ne me vaut le soleil rayonnant sur la mer.

Et pourtant aimez-moi, tendre cœur! soyez mère
Même pour un ingrat, même pour un méchant;
Amante ou sœur, soyez la douceur éphémère
D'un glorieux automne ou d'un soleil couchant.

Courte tâche! La tombe attend; elle est avide!
Ah! laissez-moi, mon front posé sur vos genoux,
Goûter, en regrettant l'été blanc et torride,
De l'arrière-saison le rayon jaune et doux!

LVII

A UNE MADONE

Ex-voto dans le goût espagnol

Je veux bâtir pour toi, Madone, ma maîtresse,
Un autel souterrain au fond de ma détresse,
Et creuser dans le coin le plus noir de mon cœur,
Loin du désir mondain et du regard moqueur,
Une niche, d'azur et d'or tout émaillée,
Où tu te dresseras, Statue émerveillée.
Avec mes Vers polis, treillis d'un pur métal
Savamment constellé de rimes de cristal,
Je ferai pour ta tête une énorme Couronne;
Et dans ma Jalousie, ô mortelle Madone,
Je saurai te tailler un Manteau, de façon
Barbare, roide et lourd, et doublé de soupçon,
Qui, comme une guérite, enfermera tes charmes;
Non de Perles brodé, mais de toutes mes Larmes!
Ta Robe, ce sera mon Désir, frémissant,
Onduleux, mon Désir qui monte et qui descend,
Aux pointes se balance, aux vallons se repose,
Et revêt d'un baiser tout ton corps blanc et rose.
Je te ferai de mon Respect de beaux Souliers
De satin, par tes pieds divins humiliés,
Qui, les emprisonnant dans une molle étreinte,
Comme un moule fidèle en garderont l'empreinte.
Si je ne puis, malgré tout mon art diligent,
Pour Marchepied tailler une Lune d'argent,
Je mettrai le Serpent qui me mord les entrailles
Sous tes talons, afin que tu foules et railles,
Reine victorieuse et féconde en rachats,
Ce monstre tout gonflé de haine et de crachats.

Tu verras mes Pensers, rangés comme les Cierges
Devant l'autel fleuri de la Reine des Vierges,
Étoilant de reflets le plafond peint en bleu,
Te regarder toujours avec des yeux de feu ;
Et comme tout en moi te chérit et t'admire,
Tout se fera Benjoin, Encens, Oliban, Myrrhe,
Et sans cesse vers toi, sommet blanc et neigeux,
En Vapeurs montera mon Esprit orageux.

Enfin, pour compléter ton rôle de Marie,
Et pour mêler l'amour avec la barbarie,
Volupté noire ! des sept Péchés capitaux,
Bourreau plein de remords, je ferai sept Couteaux
Bien affilés, et comme un jongleur insensible,
Prenant le plus profond de ton amour pour cible,
Je les planterai tous dans ton Cœur pantelant,
Dans ton Cœur sanglotant, dans ton Cœur ruisselant !

LVIII

CHANSON D'APRÈS-MIDI

Quoique tes sourcils méchants
Te donnent un air étrange
Qui n'est pas celui d'un ange,
Sorcière aux yeux alléchants,

Je t'adore, ô ma frivole,
Ma terrible passion !
Avec la dévotion
Du prêtre pour son idole.

Le désert et la forêt
Embaument tes tresses rudes,
Ta tête a les attitudes
De l'énigme et du secret.

Sur ta chair le parfum rôde
Comme autour d'un encensoir;
Tu charmes comme le soir,
Nymphe ténébreuse et chaude.

Ah! les philtres les plus forts
Ne valent pas ta paresse,
Et tu connais la caresse
Qui fait revivre les morts!

Tes hanches sont amoureuses
De ton dos et de tes seins,
Et tu ravis les coussins
Par tes poses langoureuses.

Quelquefois, pour apaiser
Ta rage mystérieuse,
Tu prodigues, sérieuse,
La morsure et le baiser;

Tu me déchires, ma brune,
Avec un rire moqueur,
Et puis tu mets sur mon cœur
Ton œil doux comme la lune.

Sous tes souliers de satin,
Sous tes charmants pieds de soie,
Moi, je mets ma grande joie,
Mon génie et mon destin,

Mon âme par toi guérie,
Par toi, lumière et couleur!
Explosion de chaleur
Dans ma noire Sibérie!

LIX

SISINA

Imaginez Diane en galant équipage,
Parcourant les forêts ou battant les halliers,
Cheveux et gorge au vent, s'enivrant de tapage,
Superbe et défiant les meilleurs cavaliers!

Avez-vous vu Théroigne, amante du carnage,
Excitant à l'assaut un peuple sans souliers,
La joue et l'œil en feu, jouant son personnage,
Et montant, sabre au poing, les royaux escaliers?

Telle la Sisina! Mais la douce guerrière
A l'âme charitable autant que meurtrière;
Son courage, affolé de poudre et de tambours,

Devant les suppliants sait mettre bas les armes,
Et son cœur, ravagé par la flamme, a toujours,
Pour qui s'en montre digne, un réservoir de larmes.

LX

FRANCISCÆ MEÆ LAUDES

Novis te cantabo chordis,
O novelletum quod ludis
In solitudine cordis.

Esto sertis implicata,
O femina delicata
Per quam solvuntur peccata!

Sicut beneficum Lethe,
Hauriam oscula de te,
Quæ imbuta es magnete.

Quum vitiorum tempestas
Turbabat omnes semitas,
Apparuisti, Deitas,

Velut stella salutaris
In naufragiis amaris.....
Suspendam cor tuis aris!

Piscina plena virtutis,
Fons æternæ juventutis,
Labris vocem redde mutis!

Quod erat spurcum, cremasti;
Quod rudius, exæquasti;
Quod debile, confirmasti.

In fame mea taberna,
In nocte mea lucerna,
Recte me semper guberna.

Adde nunc vires viribus,
Dulce balneum suavibus
Unguentatum odoribus!

Meos circa lumbos mica,
O castitatis lorica,
Aqua tincta seraphica;

Patera gemmis corusca,
Panis salsus, mollis esca,
Divinum vinum, Francisca!

LXI

A UNE DAME CRÉOLE

Au pays parfumé que le soleil caresse,
J'ai connu, sous un dais d'arbres tout empourprés
Et de palmiers d'où pleut sur les yeux la paresse,
Une dame créole aux charmes ignorés.

Son teint est pâle et chaud; la brune enchanteresse
A dans le cou des airs noblement maniérés;
Grande et svelte en marchant comme une chasseresse,
Son sourire est tranquille et ses yeux assurés.

Si vous alliez, Madame, au vrai pays de gloire,
Sur les bords de la Seine ou de la verte Loire,
Belle digne d'orner les antiques manoirs,

Vous feriez, à l'abri des ombreuses retraites,
Germer mille sonnets dans le cœur des poëtes,
Que vos grands yeux rendraient plus soumis que vos noirs.

LXII

MŒSTA ET ERRABUNDA

Dis-moi, ton cœur parfois s'envole-t-il, Agathe,
Loin du noir océan de l'immonde cité,
Vers un autre océan où la splendeur éclate,
Bleu, clair, profond, ainsi que la virginité?
Dis-moi, ton cœur parfois s'envole-t-il, Agathe?

La mer, la vaste mer, console nos labeurs!
Quel démon a doté la mer, rauque chanteuse
Qu'accompagne l'immense orgue des vents grondeurs,
De cette fonction sublime de berceuse?
La mer, la vaste mer, console nos labeurs!

Emporte-moi, wagon! enlève-moi, frégate!
Loin! loin! ici la boue est faite de nos pleurs!
— Est-il vrai que parfois le triste cœur d'Agathe
Dise : Loin des remords, des crimes, des douleurs,
Emporte-moi, wagon, enlève-moi, frégate?

Comme vous êtes loin, paradis parfumé,
Où sous un clair azur tout n'est qu'amour et joie,
Où tout ce que l'on aime est digne d'être aimé,
Où dans la volupté pure le cœur se noie!
Comme vous êtes loin, paradis parfumé!

Mais le vert paradis des amours enfantines,
Les courses, les chansons, les baisers, les bouquets,
Les violons vibrant derrière les collines,
Avec les brocs de vin, le soir, dans les bosquets,
— Mais le vert paradis des amours enfantines,

L'innocent paradis, plein de plaisirs furtifs,
Est-il déjà plus loin que l'Inde et que la Chine?
Peut-on le rappeler avec des cris plaintifs,
Et l'animer encor d'une voix argentine,
L'innocent paradis plein de plaisirs furtifs?

LXIII

LE REVENANT

Comme les anges à l'œil fauve,
Je reviendrai dans ton alcôve
Et vers toi glisserai sans bruit
Avec les ombres de la nuit;

Et je te donnerai, ma brune,
Des baisers froids comme la lune
Et des caresses de serpent
Autour d'une fosse rampant.

Quand viendra le matin livide,
Tu trouveras ma place vide,
Où jusqu'au soir il fera froid.

Comme d'autres par la tendresse,
Sur ta vie et sur ta jeunesse,
Moi, je veux régner par l'effroi.

LXIV

SONNET D'AUTOMNE

Ils me disent, tes yeux, clairs comme le cristal :
« Pour toi, bizarre amant, quel est donc mon mérite? »
— Sois charmante et tais-toi! Mon cœur, que tout irrite,
Excepté la candeur de l'antique animal,

Ne veut pas te montrer son secret infernal,
Berceuse dont la main aux longs sommeils m'invite,
Ni sa noire légende avec la flamme écrite.
Je hais la passion et l'esprit me fait mal!

Aimons-nous doucement. L'Amour dans sa guérite,
Ténébreux, embusqué, bande son arc fatal.
Je connais les engins de son vieil arsenal :

Crime, horreur et folie ! — O pâle marguerite !
Comme moi n'es-tu pas un soleil automnal,
O ma si blanche, ô ma si froide Marguerite ?

LXV

TRISTESSES DE LA LUNE

Ce soir, la lune rêve avec plus de paresse ;
Ainsi qu'une beauté, sur de nombreux coussins,
Qui d'une main distraite et légère caresse
Avant de s'endormir le contour de ses seins,

Sur le dos satiné des molles avalanches,
Mourante, elle se livre aux longues pâmoisons,
Et promène ses yeux sur les visions blanches
Qui montent dans l'azur comme des floraisons.

Quand parfois sur ce globe, en sa langueur oisive,
Elle laisse filer une larme furtive, .
Un poëte pieux, ennemi du sommeil,

Dans le creux de sa main prend cette larme pâle,
Aux reflets irisés comme un fragment d'opale,
Et la met dans son cœur loin des yeux du soleil.

LXVI

LES CHATS

Les amoureux fervents et les savants austères
Aiment également, dans leur mûre saison,
Les chats puissants et doux, orgueil de la maison,
Qui comme eux sont frileux et comme eux sédentaires.

Amis de la science et de la volupté,
Ils cherchent le silence et l'horreur des ténèbres;
L'Érèbe les eût pris pour ses coursiers funèbres,
S'ils pouvaient au servage incliner leur fierté.

Ils prennent en songeant les nobles attitudes
Des grands sphinx allongés au fond des solitudes,
Qui semblent s'endormir dans un rêve sans fin;

Leurs reins féconds sont pleins d'étincelles magiques,
Et des parcelles d'or, ainsi qu'un sable fin,
Étoilent vaguement leurs prunelles mystiques.

LXVII

LES HIBOUX

Sous les ifs noirs qui les abritent,
Les hiboux se tiennent rangés,
Ainsi que des dieux étrangers,
Dardant leur œil rouge. Ils méditent.

Sans remuer ils se tiendront
Jusqu'à l'heure mélancolique
Où, poussant le soleil oblique,
Les ténèbres s'établiront.

Leur attitude au sage enseigne
Qu'il faut en ce monde qu'il craigne
Le tumulte et le mouvement;

L'homme ivre d'une ombre qui passe
Porte toujours le châtiment
D'avoir voulu changer de place.

LXVIII

LA PIPE

Je suis la pipe d'un auteur;
On voit, à contempler ma mine
D'Abyssinienne ou de Cafrine,
Que mon maître est un grand fumeur.

Quand il est comblé de douleur,
Je fume comme la chaumine
Où se prépare la cuisine
Pour le retour du laboureur.

J'enlace et je berce son âme
Dans le réseau mobile et bleu
Qui monte de ma bouche en feu,

Et je roule un puissant dictame
Qui charme son cœur et guérit
De ses fatigues son esprit.

LXIX

LA MUSIQUE

La musique souvent me prend comme une mer!
　　　　Vers ma pâle étoile,
Sous un plafond de brume ou dans un vaste éther,
　　　　Je mets à la voile;

La poitrine en avant et les poumons gonflés
　　　　Comme de la toile,
J'escalade le dos des flots amoncelés
　　　　Que la nuit me voile;

Je sens vibrer en moi toutes les passions
　　　　D'un vaisseau qui souffre;
Le bon vent, la tempête et ses convulsions

　　　　Sur l'immense gouffre
Me bercent. D'autres fois, calme plat, grand miroir
　　　　De mon désespoir!

LXX

SÉPULTURE

Si par une nuit lourde et sombre
Un bon chrétien, par charité,
Derrière quelque vieux décombre
Enterre votre corps vanté,

A l'heure où les chastes étoiles
Ferment leurs yeux appesantis,
L'araignée y fera ses toiles,
Et la vipère ses petits;

Vous entendrez toute l'année
Sur votre tête condamnée
Les cris lamentables des loups

Et des sorcières faméliques,
Les ébats des vieillards lubriques
Et les complots des noirs filous.

LXXI

UNE GRAVURE FANTASTIQUE

Ce spectre singulier n'a pour toute toilette,
Grotesquement campé sur son front de squelette,
Qu'un diadème affreux sentant le carnaval.
Sans éperons, sans fouet, il essouffle un cheval,
Fantôme comme lui, rosse apocalyptique,
Qui bave des naseaux comme un épileptique.
Au travers de l'espace ils s'enfoncent tous deux,
Et foulent l'infini d'un sabot hasardeux.
Le cavalier promène un sabre qui flamboie
Sur les foules sans nom que sa monture broie,
Et parcourt, comme un prince inspectant sa maison,
Le cimetière immense et froid, sans horizon,
Où gisent, aux lueurs d'un soleil blanc et terne,
Les peuples de l'histoire ancienne et moderne.

LXXII

LE MORT JOYEUX

Dans une terre grasse et pleine d'escargots
Je veux creuser moi-même une fosse profonde,
Où je puisse à loisir étaler mes vieux os
Et dormir dans l'oubli comme un requin dans l'onde.

Je hais les testaments et je hais les tombeaux;
Plutôt que d'implorer une larme du monde,
Vivant, j'aimerais mieux inviter les corbeaux
A saigner tous les bouts de ma carcasse immonde.

O vers! noirs compagnons sans oreille et sans yeux,
Voyez venir à vous un mort libre et joyeux;
Philosophes viveurs, fils de la pourriture,

A travers ma ruine allez donc sans remords,
Et dites-moi s'il est encor quelque torture
Pour ce vieux corps sans âme et mort parmi les morts!

LXXIII

LE TONNEAU DE LA HAINE

La Haine est le tonneau des pâles Danaïdes;
La Vengeance éperdue aux bras rouges et forts
A beau précipiter dans ses ténèbres vides
De grands seaux pleins du sang et des larmes des morts,

Le Démon fait des trous secrets à ces abîmes,
Par où fuiraient mille ans de sueurs et d'efforts,
Quand même elle saurait ranimer ses victimes,
Et pour les pressurer ressusciter leurs corps.

La Haine est un ivrogne au fond d'une taverne,
Qui sent toujours la soif naître de la liqueur
Et se multiplier comme l'hydre de Lerne.

— Mais les buveurs heureux connaissent leur vainqueur,
Et la Haine est vouée à ce sort lamentable
De ne pouvoir jamais s'endormir sous la table.

LXXIV

LA CLOCHE FÊLÉE

Il est amer et doux, pendant les nuits d'hiver,
D'écouter, près du feu qui palpite et qui fume,
Les souvenirs lointains lentement s'élever
Au bruit des carillons qui chantent dans la brume.

Bienheureuse la cloche au gosier vigoureux
Qui, malgré sa vieillesse, alerte et bien portante,
Jette fidèlement son cri religieux,
Ainsi qu'un vieux soldat qui veille sous la tente!

Moi, mon âme est fêlée, et lorsqu'en ses ennuis
Elle veut de ses chants peupler l'air froid des nuits,
Il arrive souvent que sa voix affaiblie

Semble le râle épais d'un blessé qu'on oublie
Au bord d'un lac de sang, sous un grand tas de morts,
Et qui meurt, sans bouger, dans d'immenses efforts.

LXXV

SPLEEN

Pluviôse, irrité contre la ville entière,
De son urne à grands flots verse un froid ténébreux
Aux pâles habitants du voisin cimetière
Et la mortalité sur les faubourgs brumeux.

Mon chat sur le carreau cherchant une litière
Agite sans repos son corps maigre et galeux;
L'âme d'un vieux poëte erre dans la gouttière
Avec la triste voix d'un fantôme frileux.

Le bourdon se lamente, et la bûche enfumée
Accompagne en fausset la pendule enrhumée,
Cependant qu'en un jeu plein de sales parfums,

Héritage fatal d'une vieille hydropique,
Le beau valet de cœur et la dame de pique
Causent sinistrement de leurs amours défunts.

LXXVI

SPLEEN

J'ai plus de souvenirs que si j'avais mille ans.

Un gros meuble à tiroirs encombré de bilans,
De vers, de billets doux, de procès, de romances,
Avec de lourds cheveux roulés dans des quittances,
Cache moins de secrets que mon triste cerveau.
C'est une pyramide, un immense caveau,

Qui contient plus de morts que la fosse commune.
— Je suis un cimetière abhorré de la lune,
Où comme des remords se traînent de longs vers
Qui s'acharnent toujours sur mes morts les plus chers.
Je suis un vieux boudoir plein de roses fanées,
Où gît tout un fouillis de modes surannées,
Où les pastels plaintifs et les pâles Boucher,
Seuls, respirent l'odeur d'un flacon débouché.

Rien n'égale en longueur les boiteuses journées,
Quand sous les lourds flocons des neigeuses années
L'ennui, fruit de la morne incuriosité,
Prend les proportions de l'immortalité.
— Désormais tu n'es plus, ô matière vivante!
Qu'un granit entouré d'une vague épouvante,
Assoupi dans le fond d'un Saharah brumeux;
Un vieux sphinx ignoré du monde insoucieux,
Oublié sur la carte, et dont l'humeur farouche
Ne chante qu'aux rayons du soleil qui se couche.

LXXVII

SPLEEN

Je suis comme le roi d'un pays pluvieux,
Riche, mais impuissant, jeune et pourtant très-vieux,
Qui, de ses précepteurs méprisant les courbettes,
S'ennuie avec ses chiens comme avec d'autres bêtes.
Rien ne peut l'égayer, ni gibier, ni faucon,
Ni son peuple mourant en face du balcon.
Du bouffon favori la grotesque ballade
Ne distrait plus le front de ce cruel malade;
Son lit fleurdelisé se transforme en tombeau,
Et les dames d'atour, pour qui tout prince est beau,

Ne savent plus trouver d'impudique toilette
Pour tirer un souris de ce jeune squelette.
Le savant qui lui fait de l'or n'a jamais pu
De son être extirper l'élément corrompu,
Et dans ces bains de sang qui des Romains nous viennent,
Et dont sur leurs vieux jours les puissants se souviennent,
Il n'a su réchauffer ce cadavre hébété
Où coule au lieu de sang l'eau verte du Léthé.

LXXVIII

SPLEEN

Quand le ciel bas et lourd pèse comme un couvercle
Sur l'esprit gémissant en proie aux longs ennuis,
Et que de l'horizon embrassant tout le cercle
Il nous verse un jour noir plus triste que les nuits;

Quand la terre est changée en un cachot humide,
Où l'Espérance, comme une chauve-souris,
S'en va battant les murs de son aile timide
Et se cognant la tête à des plafonds pourris;

Quand la pluie étalant ses immenses traînées
D'une vaste prison imite les barreaux,
Et qu'un peuple muet d'infâmes araignées
Vient tendre ses filets au fond de nos cerveaux,

Des cloches tout à coup sautent avec furie
Et lancent vers le ciel un affreux hurlement,
Ainsi que des esprits errants et sans patrie
Qui se mettent à geindre opiniâtrement.

— Et de longs corbillards, sans tambours ni musique,
Défilent lentement dans mon âme; l'Espoir,
Vaincu, pleure, et l'Angoisse atroce, despotique,
Sur mon crâne incliné plante son drapeau noir.

LXXIX

OBSESSION

Grands bois, vous m'effrayez comme des cathédrales;
Vous hurlez comme l'orgue; et dans nos cœurs maudits,
Chambres d'éternel deuil où vibrent de vieux râles,
Répondent les échos de vos *De profundis*.

Je te hais, Océan! tes bonds et tes tumultes,
Mon esprit les retrouve en lui; ce rire amer
De l'homme vaincu, plein de sanglots et d'insultes,
Je l'entends dans le rire énorme de la mer.

Comme tu me plairais, ô nuit! sans ces étoiles
Dont la lumière parle un langage connu!
Car je cherche le vide, et le noir, et le nu!

Mais les ténèbres sont elles-mêmes des toiles
Où vivent, jaillissant de mon œil par milliers,
Des êtres disparus aux regards familiers.

LXXX

LE GOÛT DU NÉANT

Morne esprit, autrefois amoureux de la lutte,
L'Espoir, dont l'éperon attisait ton ardeur,
Ne veut plus t'enfourcher! Couche-toi sans pudeur,
Vieux cheval dont le pied à chaque obstacle bute.

Résigne-toi, mon cœur; dors ton sommeil de brute.

Esprit vaincu, fourbu! Pour toi, vieux maraudeur,
L'amour n'a plus de goût, non plus que la dispute;
Adieu donc, chants du cuivre et soupirs de la flûte!
Plaisirs, ne tentez plus un cœur sombre et boudeur!

Le Printemps adorable a perdu son odeur!

Et le Temps m'engloutit minute par minute,
Comme la neige immense un corps pris de roideur;
Je contemple d'en haut le globe en sa rondeur
Et je n'y cherche plus l'abri d'une cahute.

Avalanche, veux-tu m'emporter dans ta chute?

LXXXI

ALCHIMIE DE LA DOULEUR

L'un t'éclaire avec son ardeur,
L'autre en toi met son deuil, Nature!
Ce qui dit à l'un : Sépulture!
Dit à l'autre : Vie et splendeur!

Hermès inconnu qui m'assistes
Et qui toujours m'intimidas,
Tu me rends l'égal de Midas,
Le plus triste des alchimistes;

Par toi je change l'or en fer
Et le paradis en enfer;
Dans le suaire des nuages

Je découvre un cadavre cher,
Et sur les célestes rivages
Je bâtis de grands sarcophages.

LXXXII

HORREUR SYMPATHIQUE

De ce ciel bizarre et livide,
Tourmenté comme ton destin,
Quels pensers dans ton âme vide
Descendent? réponds, libertin.

— Insatiablement avide
De l'obscur et de l'incertain,
Je ne geindrai pas comme Ovide
Chassé du paradis latin.

Cieux déchirés comme des grèves,
En vous se mire mon orgueil;
Vos vastes nuages en deuil

Sont les corbillards de mes rêves,
Et vos lueurs sont le reflet
De l'Enfer où mon cœur se plaît.

LXXXIII

L'HÉAUTONTIMOROUMÉNOS

A J. G. F.

Je te frapperai sans colère
Et sans haine, comme un boucher,
Comme Moïse le rocher!
Et je ferai de ta paupière,

Pour abreuver mon Saharah,
Jaillir les eaux de la souffrance.
Mon désir gonflé d'espérance
Sur tes pleurs salés nagera

Comme un vaisseau qui prend le large,
Et dans mon cœur qu'ils soûleront
Tes chers sanglots retentiront
Comme un tambour qui bat la charge!

Ne suis-je pas un faux accord
Dans la divine symphonie,
Grâce à la vorace Ironie
Qui me secoue et qui me mord?

Elle est dans ma voix, la criarde!
C'est tout mon sang, ce poison noir!
Je suis le sinistre miroir
Où la mégère se regarde!

Je suis la plaie et le couteau!
Je suis le soufflet et la joue!
Je suis les membres et la roue,
Et la victime et le bourreau!

Je suis de mon cœur le vampire,
— Un de ces grands abandonnés
Au rire éternel condamnés,
Et qui ne peuvent plus sourire!

LXXXIV

L'IRREMÉDIABLE

I

Une Idée, une Forme, un Être
Parti de l'azur et tombé
Dans un Styx bourbeux et plombé
Où nul œil du Ciel ne pénètre;

Un Ange, imprudent voyageur
Qu'a tenté l'amour du difforme,
Au fond d'un cauchemar énorme
Se débattant comme un nageur,

Et luttant, angoisses funèbres!
Contre un gigantesque remous
Qui va chantant comme les fous
Et pirouettant dans les ténèbres;

Un malheureux ensorcelé
Dans ses tâtonnements futiles,
Pour fuir d'un lieu plein de reptiles,
Cherchant la lumière et la clé;

Un damné descendant sans lampe,
Au bord d'un gouffre dont l'odeur
Trahit l'humide profondeur,
D'éternels escaliers sans rampe,

Où veillent des monstres visqueux
Dont les larges yeux de phosphore
Font une nuit plus noire encore
Et ne rendent visibles qu'eux;

Un navire pris dans le pôle,
Comme en un piége de cristal,
Cherchant par quel détroit fatal
Il est tombé dans cette geôle;

— Emblèmes nets, tableau parfait
D'une fortune irremédiable,
Qui donne à penser que le Diable
Fait toujours bien tout ce qu'il fait!

II

Tête-à-tête sombre et limpide
Qu'un cœur devenu son miroir!
Puits de Vérité, clair et noir,
Où tremble une étoile livide,

Un phare ironique, infernal,
Flambeau des grâces sataniques,
Soulagement et gloire uniques,
— La conscience dans le Mal!

LXXXV

L'HORLOGE

Horloge! dieu sinistre, effrayant, impassible,
Dont le doigt nous menace et nous dit : « *Souviens-toi!*
Les vibrantes Douleurs dans ton cœur plein d'effroi
Se planteront bientôt comme dans une cible;

Le Plaisir vaporeux fuira vers l'horizon
Ainsi qu'une sylphide au fond de la coulisse;
Chaque instant te dévore un morceau du délice
A chaque homme accordé pour toute sa saison.

Trois mille six cents fois par heure, la Seconde
Chuchote : *Souviens-toi!* — Rapide, avec sa voix
D'insecte, Maintenant dit : Je suis Autrefois,
Et j'ai pompé ta vie avec ma trompe immonde!

Remember! Souviens-toi! prodigue! *Esto memor!*
(Mon gosier de métal parle toutes les langues.)
Les minutes, mortel folâtre, sont des gangues
Qu'il ne faut pas lâcher sans en extraire l'or!

Souviens-toi que le Temps est un joueur avide
Qui gagne sans tricher, à tout coup! c'est la loi.
Le jour décroît; la nuit augmente; *souviens-toi!*
Le gouffre a toujours soif; la clepsydre se vide.

Tantôt sonnera l'heure où le divin Hasard,
Où l'auguste Vertu, ton épouse encor vierge,
Où le Repentir même (oh! la dernière auberge!),
Où tout te dira : Meurs, vieux lâche! il est trop tard! »

LXXXVI

PAYSAGE

Je veux, pour composer chastement mes églogues,
Coucher auprès du ciel, comme les astrologues,
Et, voisin des clochers, écouter en rêvant
Leurs hymnes solennels emportés par le vent.
Les deux mains au menton, du haut de ma mansarde,
Je verrai l'atelier qui chante et qui bavarde;
Les tuyaux, les clochers, ces mâts de la cité,
Et les grands ciels qui font rêver d'éternité.

Il est doux, à travers les brumes, de voir naître
L'étoile dans l'azur, la lampe à la fenêtre,
Les fleuves de charbon monter au firmament
Et la lune verser son pâle enchantement.
Je verrai les printemps, les étés, les automnes;
Et quand viendra l'hiver aux neiges monotones,
Je fermerai partout portières et volets
Pour bâtir dans la nuit mes féeriques palais.
Alors je rêverai des horizons bleuâtres,
Des jardins, des jets d'eau pleurant dans les albâtres,

Des baisers, des oiseaux chantant soir et matin,
Et tout ce que l'Idylle a de plus enfantin.
L'Émeute, tempêtant vainement à ma vitre,
Ne fera pas lever mon front de mon pupitre;
Car je serai plongé dans cette volupté
D'évoquer le Printemps avec ma volonté,
De tirer un soleil de mon cœur, et de faire
De mes pensers brûlants une tiède atmosphère.

LXXXVII

LE SOLEIL

Le long du vieux faubourg, où pendent aux masures
Les persiennes, abri des secrètes luxures,
Quand le soleil cruel frappe à traits redoublés
Sur la ville et les champs, sur les toits et les blés,
Je vais m'exercer seul à ma fantasque escrime,
Flairant dans tous les coins les hasards de la rime,
Trébuchant sur les mots comme sur les pavés,
Heurtant parfois des vers depuis longtemps rêvés.

Ce père nourricier, ennemi des chloroses,
Éveille dans les champs les vers comme les roses;
Il fait s'évaporer les soucis vers le ciel,
Et remplit les cerveaux et les ruches de miel.
C'est lui qui rajeunit les porteurs de béquilles
Et les rend gais et doux comme des jeunes filles,
Et commande aux moissons de croître et de mûrir
Dans le cœur immortel qui toujours veut fleurir!

Quand, ainsi qu'un poëte, il descend dans les villes,
Il ennoblit le sort des choses les plus viles,
Et s'introduit en roi, sans bruit et sans valets,
Dans tous les hôpitaux et dans tous les palais.

LXXXVIII

A UNE MENDIANTE ROUSSE

Blanche fille aux cheveux roux,
Dont la robe par ses trous
Laisse voir la pauvreté
  Et la beauté,

Pour moi, poëte chétif,
Ton jeune corps maladif,
Plein de taches de rousseur,
  A sa douceur.

Tu portes plus galamment
Qu'une reine de roman
Ses cothurnes de velours
  Tes sabots lourds.

Au lieu d'un haillon trop court,
Qu'un superbe habit de cour
Traîne à plis bruyants et longs
  Sur tes talons;

En place de bas troués,
Que pour les yeux des roués
Sur ta jambe un poignard d'or
  Reluise encor;

Que des nœuds mal attachés
Dévoilent pour nos péchés
Tes deux beaux seins, radieux
  Comme des yeux;

Que pour te déshabiller
Tes bras se fassent prier
Et chassent à coups mutins
      Les doigts lutins,

Perles de la plus belle eau,
Sonnets de maître Belleau
Par tes galants mis aux fers
      Sans cesse offerts,

Valetaille de rimeurs
Te dédiant leurs primeurs
Et contemplant ton soulier
      Sous l'escalier,

Maint page épris du hasard,
Maint seigneur et maint Ronsard
Épieraient pour le déduit
      Ton frais réduit!

Tu compterais dans tes lits
Plus de baisers que de lis
Et rangerais sous tes lois
      Plus d'un Valois!

— Cependant tu vas gueusant
Quelque vieux débris gisant
Au seuil de quelque Véfour
      De carrefour;

Tu vas lorgnant en dessous
Des bijoux de vingt-neuf sous
Dont je ne puis, oh! pardon!
      Te faire don.

Va donc, sans autre ornement,
Parfum, perles, diamant,
Que ta maigre nudité,
    O ma beauté!

LXXXIX

LE CYGNE

A Victor Hugo.

I

Andromaque, je pense à vous! Ce petit fleuve,
Pauvre et triste miroir où jadis resplendit
L'immense majesté de vos douleurs de veuve,
Ce Simoïs menteur qui par vos pleurs grandit,

A fécondé soudain ma mémoire fertile,
Comme je traversais le nouveau Carrousel.
Le vieux Paris n'est plus (la forme d'une ville
Change plus vite, hélas! que le cœur d'un mortel);

Je ne vois qu'en esprit tout ce camp de baraques,
Ces tas de chapiteaux ébauchés et de fûts,
Les herbes, les gros blocs verdis par l'eau des flaques,
Et, brillant aux carreaux, le bric-à-brac confus.

Là s'étalait jadis une ménagerie;
Là je vis, un matin, à l'heure où sous les cieux
Froids et clairs le Travail s'éveille, où la voirie
Pousse un sombre ouragan dans l'air silencieux,

Un cygne qui s'était évadé de sa cage,
Et, de ses pieds palmés frottant le pavé sec,
Sur le sol raboteux traînait son blanc plumage.
Près d'un ruisseau sans eau la bête ouvrant le bec

Baignait nerveusement ses ailes dans la poudre,
Et disait, le cœur plein de son beau lac natal :
« Eau, quand donc pleuvras-tu ? quand tonneras-tu, fou-
Je vois ce malheureux, mythe étrange et fatal,   [dre ? »

Vers le ciel quelquefois, comme l'homme d'Ovide,
Vers le ciel ironique et cruellement bleu,
Sur son cou convulsif tendant sa tête avide,
Comme s'il adressait des reproches à Dieu !

II

Paris change ! mais rien dans ma mélancolie
N'a bougé ! palais neufs, échafaudages, blocs,
Vieux faubourgs, tout pour moi devient allégorie,
Et mes chers souvenirs sont plus lourds que des rocs.

Aussi devant ce Louvre une image m'opprime :
Je pense à mon grand cygne, avec ses gestes fous,
Comme les exilés, ridicule et sublime,
Et rongé d'un désir sans trêve ! et puis à vous,

Andromaque, des bras d'un grand époux tombée,
Vil bétail, sous la main du superbe Pyrrhus,
Auprès d'un tombeau vide en extase courbée ;
Veuve d'Hector, hélas ! et femme d'Hélénus !

Je pense à la négresse, amaigrie et phthisique,
Piétinant dans la boue, et cherchant, l'œil hagard,
Les cocotiers absents de la superbe Afrique
Derrière la muraille immense du brouillard ;

A quiconque a perdu ce qui ne se retrouve
Jamais, jamais! à ceux qui s'abreuvent de pleurs
Et tettent la Douleur comme une bonne louve!
Aux maigres orphelins séchant comme des fleurs!

Ainsi dans la forêt où mon esprit s'exile
Un vieux Souvenir sonne à plein souffle du cor!
Je pense aux matelots oubliés dans une île,
Aux captifs, aux vaincus!... à bien d'autres encor!

XC

LES SEPT VIEILLARDS

A Victor Hugo.

Fourmillante cité, cité pleine de rêves,
Où le spectre en plein jour raccroche le passant!
Les mystères partout coulent comme des séves
Dans les canaux étroits du colosse puissant.

Un matin, cependant que dans la triste rue
Les maisons, dont la brume allongeait la hauteur,
Simulaient les deux quais d'une rivière accrue,
Et que, décor semblable à l'âme de l'acteur,

Un brouillard sale et jaune inondait tout l'espace,
Je suivais, roidissant mes nerfs comme un héros
Et discutant avec mon âme déjà lasse,
Le faubourg secoué par les lourds tombereaux.

Tout à coup, un vieillard dont les guenilles jaunes
Imitaient la couleur de ce ciel pluvieux,
Et dont l'aspect aurait fait pleuvoir les aumônes,
Sans la méchanceté qui luisait dans ses yeux,

M'apparut. On eût dit sa prunelle trempée
Dans le fiel; son regard aiguisait les frimas,
Et sa barbe à longs poils, roide comme une épée
Se projetait, pareille à celle de Judas.

Il n'était pas voûté, mais cassé, son échine
Faisant avec sa jambe un parfait angle droit,
Si bien que son bâton, parachevant sa mine,
Lui donnait la tournure et le pas maladroit

D'un quadrupède infirme ou d'un juif à trois pattes.
Dans la neige et la boue il allait s'empêtrant,
Comme s'il écrasait des morts sous ses savates,
Hostile à l'univers plutôt qu'indifférent.

Son pareil le suivait : barbe, œil, dos, bâton, loques,
Nul trait ne distinguait, du même enfer venu,
Ce jumeau centenaire, et ces spectres baroques
Marchaient du même pas vers un but inconnu.

A quel complot infâme étais-je donc en butte,
Ou quel méchant hasard ainsi m'humiliait?
Car je comptai sept fois, de minute en minute,
Ce sinistre vieillard qui se multipliait!

Que celui-là qui rit de mon inquiétude,
Et qui n'est pas saisi d'un frisson fraternel,
Songe bien que malgré tant de décrépitude
Ces sept monstres hideux avaient l'air éternel!

Aurais-je, sans mourir, contemplé le huitième,
Sosie inexorable, ironique et fatal,
Dégoûtant Phénix, fils et père de lui-même?
— Mais je tournai le dos au cortége infernal.

Exaspéré comme un ivrogne qui voit double,
Je rentrai, je fermai ma porte, épouvanté,
Malade et morfondu, l'esprit fiévreux et trouble,
Blessé par le mystère et par l'absurdité !

Vainement ma raison voulait prendre la barre ;
La tempête en jouant déroutait ses efforts,
Et mon âme dansait, dansait, vieille gabarre
Sans mâts, sur une mer monstrueuse et sans bords !

XCI

LES PETITES VIEILLES

A Victor Hugo.

I

Dans les plis sinueux des vieilles capitales,
Où tout, même l'horreur, tourne aux enchantements,
Je guette, obéissant à mes humeurs fatales,
Des êtres singuliers, décrépits et charmants.

Ces monstres disloqués furent jadis des femmes,
Éponine ou Laïs ! Monstres brisés, bossus
Ou tordus, aimons-les ! ce sont encor des âmes.
Sous des jupons troués et sous de froids tissus

Ils rampent, flagellés par les bises iniques,
Frémissant au fracas roulant des omnibus,
Et serrant sur leur flanc, ainsi que des reliques,
Un petit sac brodé de fleurs ou de rébus ;

Ils trottent, tout pareils à des marionnettes;
Se traînent, comme font les animaux blessés,
Ou dansent, sans vouloir danser, pauvres sonnettes
Où se pend un Démon sans pitié! Tout cassés

Qu'ils sont, ils ont des yeux perçants comme une vrille,
Luisants comme ces trous où l'eau dort dans la nuit;
Ils ont les yeux divins de la petite fille
Qui s'étonne et qui rit à tout ce qui reluit.

— Avez-vous observé que maints cercueils de vieilles
Sont presque aussi petits que celui d'un enfant?
La Mort savante met dans ces bières pareilles
Un symbole d'un goût bizarre et captivant,

Et lorsque j'entrevois un fantôme débile
Traversant de Paris le fourmillant tableau,
Il me semble toujours que cet être fragile
S'en va tout doucement vers un nouveau berceau;

A moins que, méditant sur la géométrie,
Je ne cherche, à l'aspect de ces membres discords,
Combien de fois il faut que l'ouvrier varie
La forme de la boîte où l'on met tous ces corps.

— Ces yeux sont des puits faits d'un million de larmes,
Des creusets qu'un métal refroidi pailleta...
Ces yeux mystérieux ont d'invincibles charmes
Pour celui que l'austère Infortune allaita!

II

De Frascati défunt Vestale enamourée;
Prêtresse de Thalie, hélas! dont le souffleur
Enterré sait le nom; célèbre évaporée
Que Tivoli jadis ombragea dans sa fleur,

Toutes m'enivrent! mais parmi ces êtres frêles
Il en est qui, faisant de la douleur un miel,
Ont dit au Dévouement qui leur prêtait ses ailes :
Hippogriffe puissant, mène-moi jusqu'au ciel!

L'une, par sa patrie au malheur exercée,
L'autre, que son époux surchargea de douleurs,
L'autre, par son enfant Madone transpercée,
Toutes auraient pu faire un fleuve avec leurs pleurs!

III

Ah! que j'en ai suivi de ces petites vieilles!
Une, entre autres, à l'heure où le soleil tombant
Ensanglante le ciel de blessures vermeilles,
Pensive, s'asseyait à l'écart sur un banc,

Pour entendre un de ces concerts, riches de cuivre,
Dont les soldats parfois inondent nos jardins,
Et qui, dans ces soirs d'or où l'on se sent revivre,
Versent quelque héroïsme au cœur des citadins.

Celle-là, droite encor, fière et sentant la règle,
Humait avidement ce chant vif et guerrier;
Son œil parfois s'ouvrait comme l'œil d'un vieil aigle;
Son front de marbre avait l'air fait pour le laurier!

IV

Telles vous cheminez, stoïques et sans plaintes,
A travers le chaos des vivantes cités,
Mères au cœur saignant, courtisanes ou saintes,
Dont autrefois les noms par tous étaient cités.

Vous qui fûtes la grâce ou qui fûtes la gloire,
Nul ne vous reconnaît! un ivrogne incivil
Vous insulte en passant d'un amour dérisoire;
Sur vos talons gambade un enfant lâche et vil.

Honteuses d'exister, ombres ratatinées,
Peureuses, le dos bas, vous côtoyez les murs;
Et nul ne vous salue, étranges destinées!
Débris d'humanité pour l'éternité mûrs!

Mais moi, moi qui de loin tendrement vous surveille,
L'œil inquiet, fixé sur vos pas incertains,
Tout comme si j'étais votre père, ô merveille!
Je goûte à votre insu des plaisirs clandestins :

Je vois s'épanouir vos passions novices;
Sombres ou lumineux, je vis vos jours perdus;
Mon cœur multiplié jouit de tous vos vices!
Mon âme resplendit de toutes vos vertus!

Ruines! ma famille! ô cerveaux congénères!
Je vous fais chaque soir un solennel adieu!
Où serez-vous demain, Èves octogénaires,
Sur qui pèse la griffe effroyable de Dieu?

XCII

LES AVEUGLES

Contemple-les, mon âme; ils sont vraiment affreux!
Pareils aux mannequins; vaguement ridicules;
Terribles, singuliers comme les somnambules;
Dardant on ne sait où leurs globes ténébreux.

Leurs yeux, d'où la divine étincelle est partie,
Comme s'ils regardaient au loin, restent levés
Au ciel; on ne les voit jamais vers les pavés
Pencher rêveusement leur tête appesantie.

Ils traversent ainsi le noir illimité.
Ce frère du silence éternel. O cité!
Pendant qu'autour de nous tu chantes, ris et beugles,

Éprise du plaisir jusqu'à l'atrocité,
Vois! je me traîne aussi! mais, plus qu'eux hébété,
Je dis : Que cherchent-ils au Ciel, tous ces aveugles?

XCIII

A UNE PASSANTE

La rue assourdissante autour de moi hurlait.
Longue, mince, en grand deuil, douleur majestueuse,
Une femme passa, d'une main fastueuse
Soulevant, balançant le feston et l'ourlet;

Agile et noble, avec sa jambe de statue.
Moi, je buvais, crispé comme un extravagant,
Dans son œil, ciel livide où germe l'ouragan,
La douceur qui fascine et le plaisir qui tue.

Un éclair... puis la nuit! — Fugitive beauté
Dont le regard m'a fait soudainement renaître,
Ne te verrai-je plus que dans l'éternité?

Ailleurs, bien loin d'ici! trop tard! *jamais* peut-être!
Car j'ignore où tu fuis, tu ne sais où je vais,
O toi que j'eusse aimée, ô toi qui le savais!

XCIV

LE SQUELETTE LABOUREUR

I

Dans les planches d'anatomie
Qui traînent sur ces quais poudreux
Où maint livre cadavéreux
Dort comme une antique momie,

Dessins auxquels la gravité
Et le savoir d'un vieil artiste,
Bien que le sujet en soit triste,
Ont communiqué la Beauté,

On voit, ce qui rend plus complètes
Ces mystérieuses horreurs,
Bêchant comme des laboureurs,
Des Écorchés et des Squelettes.

II

De ce terrain que vous fouillez,
Manants résignés et funèbres,
De tout l'effort de vos vertèbres,
Ou de vos muscles dépouillés,

Dites, quelle moisson étrange,
Forçats arrachés au charnier,
Tirez-vous, et de quel fermier
Avez-vous à remplir la grange?

Voulez-vous (d'un destin trop dur
Épouvantable et clair emblème!)
Montrer que dans la fosse même
Le sommeil promis n'est pas sûr;

Qu'envers nous le Néant est traître;
Que tout, même la Mort, nous ment,
Et que sempiternellement,
Hélas! il nous faudra peut-être

Dans quelque pays inconnu
Écorcher la terre revêche
Et pousser une lourde bêche
Sous notre pied sanglant et nu?

XCV

LE CRÉPUSCULE DU SOIR

Voici le soir charmant, ami du criminel;
Il vient comme un complice, à pas de loup; le ciel
Se ferme lentement comme une grande alcôve,
Et l'homme impatient se change en bête fauve.

O soir, aimable soir, désiré par celui
Dont les bras, sans mentir, peuvent dire : Aujourd'hui
Nous avons travaillé! — C'est le soir qui soulage
Les esprits que dévore une douleur sauvage,
Le savant obstiné dont le front s'alourdit,
Et l'ouvrier courbé qui regagne son lit.
Cependant des démons malsains dans l'atmosphère
S'éveillent lourdement, comme des gens d'affaire,
Et cognent en volant les volets et l'auvent.
A travers les lueurs que tourmente le vent

La Prostitution s'allume dans les rues;
Comme une fourmilière elle ouvre ses issues;
Partout elle se fraye un occulte chemin,
Ainsi que l'ennemi qui tente un coup de main;
Elle remue au sein de la cité de fange
Comme un ver qui dérobe à l'Homme ce qu'il mange.
On entend çà et là les cuisines siffler,
Les théâtres glapir, les orchestres ronfler;
Les tables d'hôte, dont le jeu fait les délices,
S'emplissent de catins et d'escrocs, leurs complices,
Et les voleurs, qui n'ont ni trêve ni merci,
Vont bientôt commencer leur travail, eux aussi,
Et forcer doucement les portes et les caisses
Pour vivre quelques jours et vêtir leurs maîtresses.

Recueille-toi, mon âme, en ce grave moment,
Et ferme ton oreille à ce rugissement.
C'est l'heure où les douleurs des malades s'aigrissent!
La sombre Nuit les prend à la gorge; ils finissent
Leur destinée et vont vers le gouffre commun;
L'hôpital se remplit de leurs soupirs. — Plus d'un
Ne viendra plus chercher la soupe parfumée,
Au coin du feu, le soir, auprès d'une âme aimée.

Encore la plupart n'ont-ils jamais connu
La douceur du foyer et n'ont jamais vécu!

XCVI

LE JEU

Dans des fauteuils fanés des courtisanes vieilles,
Pâles, le sourcil peint, l'œil câlin et fatal,
Minaudant, et faisant de leurs maigres oreilles
Tomber un cliquetis de pierre et de métal;

Autour des verts tapis des visages sans lèvre,
Des lèvres sans couleur, des mâchoires sans dent,
Et des doigts convulsés d'une infernale fièvre,
Fouillant la poche vide ou le sein palpitant;

Sous de sales plafonds un rang de pâles lustres
Et d'énormes quinquets projetant leurs lueurs
Sur des fronts ténébreux de poëtes illustres
Qui viennent gaspiller leurs sanglantes sueurs;

Voilà le noir tableau qu'en un rêve nocturne
Je vis se dérouler sous mon œil clairvoyant.
Moi-même, dans un coin de l'antre taciturne,
Je me vis accoudé, froid, muet, enviant,

Enviant de ces gens la passion tenace,
De ces vieilles putains la funèbre gaieté,
Et tous gaillardement trafiquant à ma face,
L'un de son vieil honneur, l'autre de sa beauté!

Et mon cœur s'effraya d'envier maint pauvre homme
Courant avec ferveur à l'abîme béant,
Et qui, soûl de son sang, préférerait en somme
La douleur à la mort et l'enfer au néant!

XCVII

DANSE MACABRE

A Ernest Christophe.

Fière, autant qu'un vivant, de sa noble stature,
Avec son gros bouquet, son mouchoir et ses gants,
Elle a la nonchalance et la désinvolture
D'une coquette maigre aux airs extravagants.

Vit-on jamais au bal une taille plus. mince?
Sa robe exagérée, en sa royale ampleur,
S'écroule abondamment sur un pied sec que pince
Un soulier pomponné, joli comme une fleur.

La ruche qui se joue au bord des clavicules,
Comme un ruisseau lascif qui se frotte au rocher,
Défend pudiquement des lazzi ridicules
Les funèbres appas qu'elle tient à cacher.

Ses yeux profonds sont faits de vide et de ténèbres,
Et son crâne, de fleurs artistement coiffé,
Oscille mollement sur ses frêles vertèbres,
O charme d'un néant follement attifé!

Aucuns t'appelleront une caricature,
Qui ne comprennent pas, amants ivres de chair,
L'élégance sans nom de l'humaine armature.
Tu réponds, grand squelette, à mon goût le plus cher!

Viens-tu troubler, avec ta puissante grimace,
La fête de la Vie? ou quelque vieux désir,
Éperonnant encor ta vivante carcasse,
Te pousse-t-il, crédule, au sabbat du Plaisir?

Au chant des violons, aux flammes des bougies,
Espères-tu chasser ton cauchemar moqueur,
Et viens-tu demander au torrent des orgies
De rafraîchir l'enfer allumé dans ton cœur?

Inépuisable puits de sottise et de fautes!
De l'antique douleur éternel alambic!
A travers le treillis recourbé de tes côtes
Je vois, errant encor, l'insatiable aspic.

Pour dire vrai, je crains que ta coquetterie
Ne trouve pas un prix digne de ses efforts;
Qui, de ces cœurs mortels, entend la raillerie?
Les charmes de l'horreur n'enivrent que les forts!

Le gouffre de tes yeux, plein d'horribles pensées,
Exhale le vertige, et les danseurs prudents
Ne contempleront pas sans d'amères nausées
Le sourire éternel de tes trente-deux dents.

Pourtant, qui n'a serré dans ses bras un squelette,
Et qui ne s'est nourri des choses du tombeau?
Qu'importe le parfum, l'habit ou la toilette?
Qui fait le dégoûté montre qu'il se croit beau.

Bayadère sans nez, irrésistible gouge,
Dis donc à ces danseurs qui font les offusqués :
« Fiers mignons, malgré l'art des poudres et du rouge,
Vous sentez tous la mort! O squelettes musqués,

Antinoüs flétris, dandys à face glabre,
Cadavres vernissés, lovelaces chenus,
Le branle universel de la danse macabre
Vous entraîne en des lieux qui ne sont pas connus!

Des quais froids de la Seine aux bords brûlants du Gange,
Le troupeau mortel saute et se pâme, sans voir
Dans un trou du plafond la trompette de l'Ange
Sinistrement béante ainsi qu'un tromblon noir.

En tout climat, sous tout soleil, la Mort t'admire
En tes contorsions, risible Humanité,
Et souvent, comme toi, se parfumant de myrrhe,
Mêle son ironie à ton insanité! »

XCVIII

L'AMOUR DU MENSONGE

Quand je te vois passer, ô ma chère indolente,
Au chant des instruments qui se brise au plafond
Suspendant ton allure harmonieuse et lente,
Et promenant l'ennui de ton regard profond;

Quand je contemple, aux feux du gaz qui le colore,
Ton front pâle, embelli par un morbide attrait,
Où les torches du soir allument une aurore,
Et tes yeux attirants comme ceux d'un portrait,

Je me dis : Qu'elle est belle! et bizarrement fraîche!
Le souvenir massif, royale et lourde tour,
La couronne, et son cœur, meurtri comme une pêche,
Est mûr, comme son corps, pour le savant amour.

Es-tu le fruit d'automne aux saveurs souveraines?
Es-tu vase funèbre attendant quelques pleurs,
Parfum qui fait rêver aux oasis lointaines,
Oreiller caressant, ou corbeille de fleurs?

Je sais qu'il est des yeux, des plus mélancoliques,
Qui ne recèlent point de secrets précieux;
Beaux écrins sans joyaux, médaillons sans reliques,
Plus vides, plus profonds que vous-mêmes, ô Cieux!

Mais ne suffit-il pas que tu sois l'apparence,
Pour réjouir un cœur qui fuit la vérité?
Qu'importe ta bêtise ou ton indifférence?
Masque ou décor, salut! J'adore ta beauté.

XCIX

Je n'ai pas oublié, voisine de la ville,
Notre blanche maison, petite mais tranquille;
Sa Pomone de plâtre et sa vieille Vénus
Dans un bosquet chétif cachant leurs membres nus,
Et le soleil, le soir, ruisselant et superbe
Qui, derrière la vitre où se brisait sa gerbe,
Semblait, grand œil ouvert dans le ciel curieux,
Contempler nos dîners longs et silencieux,
Répandant largement ses beaux reflets de cierge
Sur la nappe frugale et les rideaux de serge.

C

La servante au grand cœur dont vous étiez jalouse,
Et qui dort son sommeil sous une humble pelouse,
Nous devrions pourtant lui porter quelques fleurs.
Les morts, les pauvres morts, ont de grandes douleurs,
Et quand Octobre souffle, émondeur des vieux arbres,
Son vent mélancolique à l'entour de leurs marbres,
Certe, ils doivent trouver les vivants bien ingrats,
A dormir, comme ils font, chaudement dans leurs draps,
Tandis que, dévorés de noires songeries,
Sans compagnon de lit, sans bonnes causeries,
Vieux squelettes gelés travaillés par le ver,
Ils sentent s'égoutter les neiges de l'hiver
Et le siècle couler, sans qu'amis ni famille
Remplacent les lambeaux qui pendent à leur grille.

Lorsque la bûche siffle et chante, si le soir,
Calme, dans le fauteuil je la voyais s'asseoir,
Si, par une nuit bleue et froide de décembre,
Je la trouvais tapie en un coin de ma chambre,
Grave, et venant du fond de son lit éternel
Couver l'enfant grandi de son œil maternel,
Que pourrais-je répondre à cette âme pieuse,
Voyant tomber des pleurs de sa paupière creuse?

CI

BRUMES ET PLUIES

O fins d'automne, hivers, printemps trempés de boue,
Endormeuses saisons! je vous aime et vous loue
D'envelopper ainsi mon cœur et mon cerveau
D'un linceul vaporeux et d'un vague tombeau.

Dans cette grande plaine où l'autan froid se joue,
Où par les longues nuits la girouette s'enroue,
Mon âme mieux qu'au temps du tiède renouveau
Ouvrira largement ses ailes de corbeau.

Rien n'est plus doux au cœur plein de choses funèbres,
Et sur qui dès longtemps descendent les frimas,
O blafardes saisons, reines de nos climats,

Que l'aspect permanent de vos pâles ténèbres,
— Si ce n'est, par un soir sans lune, deux à deux,
D'endormir la douleur sur un lit hasardeux.

CII

RÊVE PARISIEN

A Constantin Guys.

I

De ce terrible paysage,
Tel que jamais mortel n'en vit,
Ce matin encore l'image,
Vague et lointaine, me ravit.

Le sommeil est plein de miracles!
Par un caprice singulier
J'avais banni de ces spectacles
Le végétal irrégulier,

Et, peintre fier de mon génie,
Je savourais dans mon tableau
L'enivrante monotonie
Du métal, du marbre et de l'eau.

Babel d'escaliers et d'arcades,
C'était un palais infini,
Plein de bassins et de cascades
Tombant dans l'or mat ou bruni;

Et des cataractes pesantes,
Comme des rideaux de cristal,
Se suspendaient, éblouissantes,
A des murailles de métal.

Non d'arbres, mais de colonnades
Les étangs dormants s'entouraient,
Où de gigantesques naïades,
Comme des femmes, se miraient.

Des nappes d'eau s'épanchaient, bleues,
Entre des quais roses et verts,
Pendant des millions de lieues,
Vers les confins de l'univers;

C'étaient des pierres inouïes
Et des flots magiques; c'étaient
D'immenses glaces éblouies
Par tout ce qu'elles reflétaient!

Insouciants et taciturnes,
Des Ganges, dans le firmament,
Versaient le trésor de leurs urnes
Dans des gouffres de diamant.

Architecte de mes féeries,
Je faisais, à ma volonté,
Sous un tunnel de pierreries
Passer un océan dompté;

Et tout, même la couleur noire,
Semblait fourbi, clair, irisé;
Le liquide enchâssait sa gloire
Dans le rayon cristallisé.

Nul astre d'ailleurs, nuls vestiges
De soleil, même au bas du ciel,
Pour illuminer ces prodiges,
Qui brillaient d'un feu personnel!

Et sur ces mouvantes merveilles
Planait (terrible nouveauté!
Tout pour l'œil, rien pour les oreilles!)
Un silence d'éternité.

II

En rouvrant mes yeux pleins de flamme
J'ai vu l'horreur de mon taudis,
Et senti, rentrant dans mon âme,
La pointe des soucis maudits;

La pendule aux accents funèbres
Sonnait brutalement midi,
Et le ciel versait des ténèbres
Sur le triste monde engourdi.

CIII

LE CRÉPUSCULE DU MATIN

La diane chantait dans les cours des casernes,
Et le vent du matin soufflait sur les lanternes.

C'était l'heure où l'essaim des rêves malfaisants
Tord sur leurs oreillers les bruns adolescents;
Où, comme un œil sanglant qui palpite et qui bouge,
La lampe sur le jour fait une tache rouge;
Où l'âme, sous le poids du corps revêche et lourd,
Imite les combats de la lampe et du jour.
Comme un visage en pleurs que les brises essuient,
L'air est plein du frisson des choses qui s'enfuient,
Et l'homme est las d'écrire et la femme d'aimer.

Les maisons çà et là commençaient à fumer.
Les femmes de plaisir, la paupière livide,
Bouche ouverte, dormaient de leur sommeil stupide;
Les pauvresses, traînant leurs seins maigres et froids,
Soufflaient sur leurs tisons et soufflaient sur leurs doigts.
C'était l'heure où parmi le froid et la lésine
S'aggravent les douleurs des femmes en gésine;
Comme un sanglot coupé par un sang écumeux
Le chant du coq au loin déchirait l'air brumeux;
Une mer de brouillards baignait les édifices,
Et les agonisants dans le fond des hospices
Poussaient leur dernier râle en hoquets inégaux.
Les débauchés rentraient, brisés par leurs travaux.

L'aurore grelottante en robe rose et verte
S'avançait lentement sur la Seine déserte,
Et le sombre Paris, en se frottant les yeux,
Empoignait ses outils, vieillard laborieux.

CIV

L'ÂME DU VIN

Un soir, l'âme du vin chantait dans les bouteilles :
« Homme, vers toi je pousse, ô cher déshérité,
Sous ma prison de verre et mes cires vermeilles,
Un chant plein de lumière et de fraternité!

Je sais combien il faut, sur la colline en flamme,
De peine, de sueur et de soleil cuisant
Pour engendrer ma vie et pour me donner l'âme;
Mais je ne serai point ingrat ni malfaisant,

Car j'éprouve une joie immense quand je tombe
Dans le gosier d'un homme usé par ses travaux,
Et sa chaude poitrine est une douce tombe
Où je me plais bien mieux que dans mes froids caveaux.

Entends-tu retentir les refrains des dimanches
Et l'espoir qui gazouille en mon sein palpitant?
Les coudes sur la table et retroussant tes manches,
Tu me glorifieras et tu seras content;

J'allumerai les yeux de ta femme ravie;
A ton fils je rendrai sa force et ses couleurs
Et serai pour ce frêle athlète de la vie
L'huile qui raffermit les muscles des lutteurs.

En toi je tomberai, végétale ambroisie,
Grain précieux jeté par l'éternel Semeur,
Pour que de notre amour naisse la poésie
Qui jaillira vers Dieu comme une rare fleur! »

CV

LE VIN DES CHIFFONNIERS

Souvent, à la clarté rouge d'un réverbère
Dont le vent bat la flamme et tourmente le verre,
Au cœur d'un vieux faubourg, labyrinthe fangeux
Où l'humanité grouille en ferments orageux,

On voit un chiffonnier qui vient, hochant la tête,
Butant, et se cognant aux murs comme un poëte,
Et, sans prendre souci des mouchards, ses sujets,
Épanche tout son cœur en glorieux projets.

Il prête des serments, dicte des lois sublimes,
Terrasse les méchants, relève les victimes,
Et sous le firmament comme un dais suspendu
S'enivre des splendeurs de sa propre vertu.

Oui, ces gens harcelés de chagrins de ménage,
Moulus par le travail et tourmentés par l'âge,
Éreintés et pliant sous un tas de débris,
Vomissement confus de l'énorme Paris,

Reviennent, parfumés d'une odeur de futailles,
Suivis de compagnons, blanchis dans les batailles,
Dont la moustache pend comme les vieux drapeaux.
Les bannières, les fleurs et les arcs triomphaux

Se dressent devant eux, solennelle magie!
Et dans l'étourdissante et lumineuse orgie
Des clairons, du soleil, des cris et du tambour,
Ils apportent la gloire au peuple ivre d'amour!

C'est ainsi qu'à travers l'Humanité frivole
Le vin roule de l'or, éblouissant Pactole;
Par le gosier de l'homme il chante ses exploits
Et règne par ses dons ainsi que les vrais rois.

Pour noyer la rancœur et bercer l'indolence
De tous ces vieux maudits qui meurent en silence,
Dieu, touché de remords, avait fait le sommeil;
L'Homme ajouta le Vin, fils sacré du Soleil!

CVI

LE VIN DE L'ASSASSIN

Ma femme est morte, je suis libre!
Je puis donc boire tout mon soûl.
Lorsque je rentrais sans un sou,
Ses cris me déchiraient la fibre.

Autant qu'un roi je suis heureux;
L'air est pur, le ciel admirable...
Nous avions un été semblable
Lorsque j'en devins amoureux!

L'horrible soif qui me déchire
Aurait besoin pour s'assouvir
D'autant de vin qu'en peut tenir
Son tombeau; — ce n'est pas peu dire :

Je l'ai jetée au fond d'un puits,
Et j'ai même poussé sur elle
Tous les pavés de la margelle.
— Je l'oublierai si je le puis !

Au nom des serments de tendresse,
Dont rien ne peut nous délier,
Et pour nous réconcilier
Comme au beau temps de notre ivresse,

J'implorai d'elle un rendez-vous,
Le soir, sur une route obscure.
Elle y vint ! — folle créature !
Nous sommes tous plus ou moins fous !

Elle était encore jolie,
Quoique bien fatiguée ! et moi,
Je l'aimais trop ! voilà pourquoi
Je lui dis : Sors de cette vie !

Nul ne peut me comprendre. Un seul
Parmi ces ivrognes stupides
Songea-t-il dans ses nuits morbides
A faire du vin un linceul ?

Cette crapule invulnérable
Comme les machines de fer
Jamais, ni l'été ni l'hiver,
N'a connu l'amour véritable,

Avec ses noirs enchantements,
Son cortége infernal d'alarmes,
Ses fioles de poison, ses larmes,
Ses bruits de chaîne et d'ossements!

— Me voilà libre et solitaire!
Je serai ce soir ivre mort;
Alors, sans peur et sans remord,
Je me coucherai sur la terre,

Et je dormirai comme un chien!
Le chariot aux lourdes roues
Chargé de pierres et de boues,
Le wagon enragé peut bien

Écraser ma tête coupable
Ou me couper par le milieu,
Je m'en moque comme de Dieu,
Du Diable ou de la Sainte Table!

CVII

LE VIN DU SOLITAIRE

Le regard singulier d'une femme galante
Qui se glisse vers nous comme le rayon blanc
Que la lune onduleuse envoie au lac tremblant,
Quand elle y veut baigner sa beauté nonchalante;

Le dernier sac d'écus dans les doigts d'un joueur;
Un baiser libertin de la maigre Adeline;
Les sons d'une musique énervante et câline,
Semblable au cri lointain de l'humaine douleur,

Tout cela ne vaut pas, ô bouteille profonde,
Les baumes pénétrants que ta panse féconde
Garde au cœur altéré du poëte pieux;

Tu lui verses l'espoir, la jeunesse et la vie,
— Et l'orgueil, ce trésor de toute gueuserie,
Qui nous rend triomphants et semblables aux Dieux!

CVIII

LE VIN DES AMANTS

Aujourd'hui l'espace est splendide!
Sans mors, sans éperons, sans bride,
Partons à cheval sur le vin
Pour un ciel féerique et divin!

Comme deux anges que torture
Une implacable calenture,
Dans le bleu cristal du matin
Suivons le mirage lointain!

Mollement balancés sur l'aile
Du tourbillon intelligent,
Dans un délire parallèle,

Ma sœur, côte à côte nageant,
Nous fuirons sans repos ni trêves
Vers le paradis de mes rêves!

CIX

LA DESTRUCTION

Sans cesse à mes côtés s'agite le Démon;
Il nage autour de moi comme un air impalpable;
Je l'avale et le sens qui brûle mon poumon
Et l'emplit d'un désir éternel et coupable.

Parfois il prend, sachant mon grand amour de l'Art,
La forme de la plus séduisante des femmes,
Et, sous de spécieux prétextes de cafard,
Accoutume ma lèvre à des philtres infâmes.

Il me conduit ainsi, loin du regard de Dieu,
Haletant et brisé de fatigue, au milieu
Des plaines de l'Ennui, profondes et désertes,

Et jette dans mes yeux pleins de confusion
Des vêtements souillés, des blessures ouvertes,
Et l'appareil sanglant de la Destruction!

CX

UNE MARTYRE

Dessin d'un maître inconnu

Au milieu des flacons, des étoffes lamées
        Et des meubles voluptueux,
Des marbres, des tableaux, des robes parfumées
        Qui traînent à plis somptueux,

Dans une chambre tiède où, comme en une serre,
        L'air est dangereux et fatal,
Où des bouquets mourants dans leurs cercueils de verre
        Exhalent leur soupir final,

Un cadavre sans tête épanche, comme un fleuve,
        Sur l'oreiller désaltéré
Un sang rouge et vivant, dont la toile s'abreuve
        Avec l'avidité d'un pré.

Semblable aux visions pâles qu'enfante l'ombre
        Et qui nous enchaînent les yeux,
La tête, avec l'amas de sa crinière sombre
        Et de ses bijoux précieux,

Sur la table de nuit, comme une renoncule,
        Repose; et, vide de pensers,
Un regard vague et blanc comme le crépuscule
        S'échappe des yeux révulsés.

Sur le lit, le tronc nu sans scrupules étale
        Dans le plus complet abandon
La secrète splendeur et la beauté fatale
        Dont la nature lui fit don;

Un bas rosâtre, orné de coins d'or, à la jambe,
    Comme un souvenir est resté;
La jarretière, ainsi qu'un œil secret qui flambe,
    Darde un regard diamanté.

Le singulier aspect de cette solitude
    Et d'un grand portrait langoureux,
Aux yeux provocateurs comme son attitude,
    Révèle un amour ténébreux,

Une coupable joie et des fêtes étranges
    Pleines de baisers infernaux,
Dont se réjouissait l'essaim des mauvais anges
    Nageant dans les plis des rideaux;

Et cependant, à voir la maigreur élégante
    De l'épaule au contour heurté,
La hanche un peu pointue et la taille fringante
    Ainsi qu'un reptile irrité,

Elle est bien jeune encor! — Son âme exaspérée
    Et ses sens par l'ennui mordus
S'étaient-ils entr'ouverts à la meute altérée
    Des désirs errants et perdus?

L'homme vindicatif que tu n'as pu, vivante,
    Malgré tant d'amour, assouvir,
Combla-t-il sur ta chair inerte et complaisante
    L'immensité de son désir?

Réponds, cadavre impur! et par tes tresses roides
    Te soulevant d'un bras fiévreux,
Dis-moi, tête effrayante, a-t-il sur tes dents froides
    Collé les suprêmes adieux?

— Loin du monde railleur, loin de la foule impure,
　　Loin des magistrats curieux,
Dors en paix, dors en paix, étrange créature,
　　Dans ton tombeau mystérieux;

Ton époux court le monde, et ta forme immortelle
　　Veille près de lui quand il dort;
Autant que toi sans doute il te sera fidèle,
　　Et constant jusques à la mort.

CXI

FEMMES DAMNÉES

Comme un bétail pensif sur le sable couchées,
Elles tournent leurs yeux vers l'horizon des mers,
Et leurs pieds se cherchent et leurs mains rapprochées
Ont de douces langueurs et des frissons amers.

Les unes, cœurs épris des longues confidences,
Dans le fond des bosquets où jasent les ruisseaux,
Vont épelant l'amour des craintives enfances
Et creusent le bois vert des jeunes arbrisseaux;

D'autres, comme des sœurs, marchent lentes et graves
A travers les rochers pleins d'apparitions,
Où Saint Antoine a vu surgir comme des laves
Les seins nus et pourprés de ses tentations;

Il en est, aux lueurs des résines croulantes,
Qui dans le creux muet des vieux antres païens
T'appellent au secours de leurs fièvres hurlantes,
O Bacchus, endormeur des remords anciens!

Et d'autres, dont la gorge aime les sc[...]
Qui, recélant un fouet sous leurs longs v[...]
Mêlent, dans le bois sombre et les nuits so[...]
L'écume du plaisir aux larmes des tourments[...]

O vierges, ô démons, ô monstres, ô martyres,
De la réalité grands esprits contempteurs,
Chercheuses d'infini, dévotes et satyres,
Tantôt pleines de cris, tantôt pleines de pleurs,

Vous que dans votre enfer mon âme a poursuivies,
Pauvres sœurs, je vous aime autant que je vous plains,
Pour vos mornes douleurs, vos soifs inassouvies,
Et les urnes d'amour dont vos grands cœurs sont pleins!

CXII

LES DEUX BONNES SŒURS

La Débauche et la Mort sont deux aimables filles,
Prodigues de baisers et riches de santé,
Dont le flanc toujours vierge et drapé de guenilles
Sous l'éternel labeur n'a jamais enfanté.

Au poëte sinistre, ennemi des familles,
Favori de l'enfer, courtisan mal renté,
Tombeaux et lupanars montrent sous leurs charmilles
Un lit que le remords n'a jamais fréquenté.

Et la bière et l'alcôve en blasphèmes fécondes
Nous offrent tour à tour, comme deux bonnes sœurs,
De terribles plaisirs et d'affreuses douceurs.

Quand veux-tu m'enterrer, Débauche aux bras
[immondes?
O Mort, quand viendras-tu, sa rivale en attraits,
Sur ses myrtes infects enter tes noirs cyprès?

CXIII

LA FONTAINE DE SANG

Il me semble parfois que mon sang coule à flots,
Ainsi qu'une fontaine aux rhythmiques sanglots.
Je l'entends bien qui coule avec un long murmure,
Mais je me tâte en vain pour trouver la blessure.

A travers la cité, comme dans un champ clos,
Il s'en va, transformant les pavés en îlots,
Désaltérant la soif de chaque créature,
Et partout colorant en rouge la nature.

J'ai demandé souvent à des vins captieux
D'endormir pour un jour la terreur qui me mine;
Le vin rend l'œil plus clair et l'oreille plus fine!

J'ai cherché dans l'amour un sommeil oublieux;
Mais l'amour n'est pour moi qu'un matelas d'aiguilles
Fait pour donner à boire à ces cruelles filles!

CXIV

ALLÉGORIE

C'est une femme belle et de riche encolure,
Qui laisse dans son vin traîner sa chevelure.
Les griffes de l'amour, les poisons du tripot,
Tout glisse et tout s'émousse au granit de sa peau.

Elle rit à la Mort et nargue la Débauche,
Ces monstres dont la main, qui toujours gratte et fauche,
Dans ses jeux destructeurs a pourtant respecté
De ce corps ferme et droit la rude majesté.
Elle marche en déesse et repose en sultane;
Elle a dans le plaisir la foi mahométane,
Et dans ses bras ouverts, que remplissent ses seins,
Elle appelle des yeux la race des humains.
Elle croit, elle sait, cette vierge inféconde
Et pourtant nécessaire à la marche du monde,
Que la beauté du corps est un sublime don
Qui de toute infamie arrache le pardon.
Elle ignore l'Enfer comme le Purgatoire,
Et quand l'heure viendra d'entrer dans la Nuit noire,
Elle regardera la face de la Mort,
Ainsi qu'un nouveau-né, — sans haine et sans remord.

CXV

LA BÉATRICE

Dans des terrains cendreux, calcinés, sans verdure,
Comme je me plaignais un jour à la nature,
Et que de ma pensée, en vaguant au hasard,
J'aiguisais lentement sur mon cœur le poignard,
Je vis en plein midi descendre sur ma tête
Un nuage funèbre et gros d'une tempête,
Qui portait un troupeau de démons vicieux,
Semblables à des nains cruels et curieux.
A me considérer froidement ils se mirent,
Et, comme des passants sur un fou qu'ils admirent,
Je les entendis rire et chuchoter entre eux,
En échangeant maint signe et maint clignement d'yeux :

— « Contemplons à loisir cette caricature
Et cette ombre d'Hamlet imitant sa posture,
Le regard indécis et les cheveux au vent.
N'est-ce pas grand'pitié de voir ce bon vivant,
Ce gueux, cet histrion en vacances, ce drôle,
Parce qu'il sait jouer artistement son rôle,
Vouloir intéresser au chant de ses douleurs
Les aigles, les grillons, les ruisseaux et les fleurs,
Et même à nous, auteurs de ces vieilles rubriques,
Réciter en hurlant ses tirades publiques? »

J'aurais pu (mon orgueil aussi haut que les monts
Domine la nuée et le cri des démons)
Détourner simplement ma tête souveraine,
Si je n'eusse pas vu parmi leur troupe obscène,
Crime qui n'a pas fait chanceler le soleil!
La reine de mon cœur au regard nonpareil,
Qui riait avec eux de ma sombre détresse
Et leur versait parfois quelque sale caresse.

CXVI

UN VOYAGE A CYTHÈRE

Mon cœur, comme un oiseau, voltigeait tout joyeux
Et planait librement à l'entour des cordages;
Le navire roulait sous un ciel sans nuages,
Comme un ange enivré d'un soleil radieux.

Quelle est cette île triste et noire? — C'est Cythère,
Nous dit-on, un pays fameux dans les chansons,
Eldorado banal de tous les vieux garçons.
Regardez, après tout, c'est une pauvre terre.

— Ile des doux secrets et des fêtes du cœur !
De l'antique Vénus le superbe fantôme
Au-dessus de tes mers plane comme un arome,
Et charge les esprits d'amour et de langueur.

Belle île aux myrtes verts, pleine de fleurs écloses,
Vénérée à jamais par toute nation,
Où les soupirs des cœurs en adoration
Roulent comme l'encens sur un jardin de roses

Ou le roucoulement éternel d'un ramier !
— Cythère n'était plus qu'un terrain des plus maigres,
Un désert rocailleux troublé par des cris aigres.
J'entrevoyais pourtant un objet singulier !

Ce n'était pas un temple aux ombres bocagères,
Où la jeune prêtresse, amoureuse des fleurs,
Allait, le corps brûlé de secrètes chaleurs,
Entre-bâillant sa robe aux brises passagères ;

Mais voilà qu'en rasant la côte d'assez près
Pour troubler les oiseaux avec nos voiles blanches,
Nous vîmes que c'était un gibet à trois branches,
Du ciel se détachant en noir, comme un cyprès.

De féroces oiseaux perchés sur leur pâture
Détruisaient avec rage un pendu déjà mûr,
Chacun plantant, comme un outil, son bec impur
Dans tous les coins saignants de cette pourriture ;

Les yeux étaient deux trous, et du ventre effondré
Les intestins pesants lui coulaient sur les cuisses,
Et ses bourreaux, gorgés de hideuses délices,
L'avaient à coups de bec absolument châtré.

Sous les pieds, un troupeau de jaloux quadrupèdes,
Le museau relevé, tournoyait et rôdait;
Une plus grande bête au milieu s'agitait
Comme un exécuteur entouré de ses aides.

Habitant de Cythère, enfant d'un ciel si beau,
Silencieusement tu souffrais ces insultes
En expiation de tes infâmes cultes
Et des péchés qui t'ont interdit le tombeau.

Ridicule pendu, tes douleurs sont les miennes!
Je sentis, à l'aspect de tes membres flottants,
Comme un vomissement, remonter vers mes dents
Le long fleuve de fiel des douleurs anciennes;

Devant toi, pauvre diable au souvenir si cher,
J'ai senti tous les becs et toutes les mâchoires
Des corbeaux lancinants et des panthères noires
Qui jadis aimaient tant à triturer ma chair.

— Le ciel était charmant, la mer était unie;
Pour moi tout était noir et sanglant désormais,
Hélas! et j'avais, comme en un suaire épais,
Le cœur enseveli dans cette allégorie.

Dans ton île, ô Vénus! je n'ai trouvé debout
Qu'un gibet symbolique où pendait mon image...
— Ah! Seigneur! donnez-moi la force et le courage
De contempler mon cœur et mon corps sans dégoût!

CXVII

L'AMOUR ET LE CRÂNE

Vieux cul-de-lampe

L'Amour est assis sur le crâne
    De l'Humanité,
Et sur ce trône le profane,
    Au rire effronté,

Souffle gaiement des bulles rondes
    Qui montent dans l'air,
Comme pour rejoindre les mondes
    Au fond de l'éther.

Le globe lumineux et frêle
    Prend un grand essor,
Crève et crache son âme grêle
    Comme un songe d'or.

J'entends le crâne à chaque bulle
    Prier et gémir :
— « Ce jeu féroce et ridicule,
    Quand doit-il finir?

Car ce que ta bouche cruelle
    Éparpille en l'air,
Monstre assassin, c'est ma cervelle,
    Mon sang et ma chair! »

RÉVOLTE

CXVIII

LE RENIEMENT DE SAINT PIERRE

Qu'est-ce que Dieu fait donc de ce flot d'anathèmes
Qui monte tous les jours vers ses chers Séraphins?
Comme un tyran gorgé de viande et de vins,
Il s'endort au doux bruit de nos affreux blasphèmes.

Les sanglots des martyrs et des suppliciés
Sont une symphonie enivrante sans doute,
Puisque, malgré le sang que leur volupté coûte,
Les cieux ne s'en sont point encore rassasiés!

— Ah! Jésus, souviens-toi du Jardin des Olives!
Dans ta simplicité tu priais à genoux
Celui qui dans son ciel riait au bruit des clous
Que d'ignobles bourreaux plantaient dans tes chairs vives,

Lorsque tu vis cracher sur ta divinité
La crapule du corps de garde et des cuisines,
Et lorsque tu sentis s'enfoncer les épines
Dans ton crâne où vivait l'immense Humanité;

Quand de ton corps brisé la pesanteur horrible
Allongeait tes deux bras distendus, que ton sang
Et ta sueur coulaient de ton front pâlissant,
Quand tu fus devant tous posé comme une cible,

Rêvais-tu de ces jours si brillants et si beaux
Où tu vins pour remplir l'éternelle promesse,
Où tu foulais, monté sur une douce ânesse,
Des chemins tout jonchés de fleurs et de rameaux,

Où, le cœur tout gonflé d'espoir et de vaillance,
Tu fouettais tous ces vils marchands à tour de bras,
Où tu fus maître enfin? Le remords n'a-t-il pas
Pénétré dans ton flanc plus avant que la lance?

— Certes, je sortirai, quant à moi, satisfait
D'un monde où l'action n'est pas la sœur du rêve;
Puissé-je user du glaive et périr par le glaive!
Saint Pierre a renié Jésus... il a bien fait!

CXIX

ABEL ET CAÏN

I

Race d'Abel, dors, bois et mange;
Dieu te sourit complaisamment.

Race de Caïn, dans la fange
Rampe et meurs misérablement.

Race d'Abel, ton sacrifice
Flatte le nez du Séraphin!

Race de Caïn, ton supplice
Aura-t-il jamais une fin?

Race d'Abel, vois tes semailles
Et ton bétail venir à bien;

Race de Caïn, tes entrailles
Hurlent la faim comme un vieux chien.

Race d'Abel, chauffe ton ventre
A ton foyer patriarcal;

Race de Caïn, dans ton antre
Tremble de froid, pauvre chacal!

Race d'Abel, aime et pullule!
Ton or fait aussi des petits.

Race de Caïn, cœur qui brûle,
Prends garde à ces grands appétits.

Race d'Abel, tu croîs et broutes
Comme les punaises des bois!

Race de Caïn, sur les routes
Traîne ta famille aux abois.

II

Ah! race d'Abel, ta charogne
Engraissera le sol fumant!

Race de Caïn, ta besogne
N'est pas faite suffisamment;

Race d'Abel, voici ta honte :
Le fer est vaincu par l'épieu !

Race de Caïn, au ciel monte,
Et sur la terre jette Dieu !

CXX

LES LITANIES DE SATAN

O toi, le plus savant et le plus beau des Anges,
Dieu trahi par le sort et privé de louanges,

O Satan, prends pitié de ma longue misère !

O Prince de l'exil, à qui l'on a fait tort,
Et qui, vaincu, toujours te redresses plus fort,

O Satan, prends pitié de ma longue misère !

Toi qui sais tout, grand roi des choses souterraines,
Guérisseur familier des angoisses humaines,

O Satan, prends pitié de ma longue misère !

Toi qui, même aux lépreux, aux parias maudits,
Enseignes par l'amour le goût du Paradis,

O Satan, prends pitié de ma longue misère !

O toi qui de la Mort, ta vieille et forte amante,
Engendras l'Espérance, — une folle charmante !

O Satan, prends pitié de ma longue misère !

Toi qui fais au proscrit ce regard calme et haut
Qui damne tout un peuple autour d'un échafaud,

O Satan, prends pitié de ma longue misère!

Toi qui sais en quels coins des terres envieuses
Le Dieu jaloux cacha les pierres précieuses,

O Satan, prends pitié de ma longue misère!

Toi dont l'œil clair connaît les profonds arsenaux
Où dort enseveli le peuple des métaux,

O Satan, prends pitié de ma longue misère!

Toi dont la large main cache les précipices
Au somnambule errant au bord des édifices,

O Satan, prends pitié de ma longue misère!

Toi qui, magiquement, assouplis les vieux os
De l'ivrogne attardé foulé par les chevaux,

O Satan, prends pitié de ma longue misère!

Toi qui, pour consoler l'homme frêle qui souffre,
Nous appris à mêler le salpêtre et le soufre,

O Satan, prends pitié de ma longue misère!

Toi qui poses ta marque, ô complice subtil,
Sur le front du Crésus impitoyable et vil,

O Satan, prends pitié de ma longue misère!

Toi qui mets dans les yeux et dans le cœur des filles
Le culte de la plaie et l'amour des guenilles,

O Satan, prends pitié de ma longue misère!

Bâton des exilés, lampe des inventeurs,
Confesseur des pendus et des conspirateurs,

O Satan, prends pitié de ma longue misère!

Père adoptif de ceux qu'en sa noire colère
Du paradis terrestre a chassés Dieu le Père,

O Satan, prends pitié de ma longue misère!

PRIÈRE

Gloire et louange à toi, Satan, dans les hauteurs
Du Ciel, où tu régnas, et dans les profondeurs
De l'Enfer, où, vaincu, tu rêves en silence!
Fais que mon âme un jour, sous l'Arbre de Science,
Près de toi se repose, à l'heure où sur ton front
Comme un Temple nouveau ses rameaux s'épandront!

LA MORT

CXXI

LA MORT DES AMANTS

Nous aurons des lits pleins d'odeurs légères,
Des divans profonds comme des tombeaux,
Et d'étranges fleurs sur des étagères,
Écloses pour nous sous des cieux plus beaux.

Usant à l'envi leurs chaleurs dernières,
Nos deux cœurs seront deux vastes flambeaux,
Qui réfléchiront leurs doubles lumières
Dans nos deux esprits, ces miroirs jumeaux.

Un soir fait de rose et de bleu mystique,
Nous échangerons un éclair unique,
Comme un long sanglot, tout chargé d'adieux;

Et plus tard un Ange, entr'ouvrant les portes,
Viendra ranimer, fidèle et joyeux,
Les miroirs ternis et les flammes mortes.

CXXII

LA MORT DES PAUVRES

C'est la Mort qui console, hélas! et qui fait vivre;
C'est le but de la vie, et c'est le seul espoir
Qui, comme un élixir, nous monte et nous enivre,
Et nous donne le cœur de marcher jusqu'au soir;

A travers la tempête, et la neige, et le givre,
C'est la clarté vibrante à notre horizon noir;
C'est l'auberge fameuse inscrite sur le livre,
Où l'on pourra manger, et dormir, et s'asseoir;

C'est un Ange qui tient dans ses doigts magnétiques
Le sommeil et le don des rêves extatiques,
Et qui refait le lit des gens pauvres et nus;

C'est la gloire des Dieux, c'est le grenier mystique,
C'est la bourse du pauvre et sa patrie antique,
C'est le portique ouvert sur les Cieux inconnus!

CXXIII

LA MORT DES ARTISTES

Combien faut-il de fois secouer mes grelots
Et baiser ton front bas, morne caricature?
Pour piquer dans le but, de mystique nature,
Combien, ô mon carquois, perdre de javelots?

Nous userons notre âme en de subtils complots,
Et nous démolirons mainte lourde armature,
Avant de contempler la grande Créature
Dont l'infernal désir nous remplit de sanglots!

Il en est qui jamais n'ont connu leur Idole,
Et ces sculpteurs damnés et marqués d'un affront,
Qui vont se martelant la poitrine et le front,

N'ont qu'un espoir, étrange et sombre Capitole!
C'est que la Mort, planant comme un soleil nouveau,
Fera s'épanouir les fleurs de leur cerveau!

CXXIV

LA FIN DE LA JOURNÉE

Sous une lumière blafarde
Court, danse et se tord sans raison
La Vie, impudente et criarde.
Aussi, sitôt qu'à l'horizon

La nuit voluptueuse monte,
Apaisant tout, même la faim,
Effaçant tout, même la honte,
Le Poëte se dit : « Enfin!

Mon esprit, comme mes vertèbres,
Invoque ardemment le repos;
Le cœur plein de songes funèbres,

Je vais me coucher sur le dos
Et me rouler dans vos rideaux,
O rafraîchissantes ténèbres! »

CXXV

LE RÊVE D'UN CURIEUX

A F. N.

Connais-tu, comme moi, la douleur savoureuse,
Et de toi fais-tu dire : « Oh! l'homme singulier! »
— J'allais mourir. C'était dans mon âme amoureuse,
Désir mêlé d'horreur, un mal particulier;.

Angoisse et vif espoir, sans humeur factieuse.
Plus allait se vidant le fatal sablier,
Plus ma torture était âpre et délicieuse;
Tout mon cœur s'arrachait au monde familier.

J'étais comme l'enfant avide du spectacle,
Haïssant le rideau comme on hait un obstacle...
Enfin la vérité froide se révéla :

J'étais mort sans surprise, et la terrible aurore
M'enveloppait. — Eh quoi! n'est-ce donc que cela?
La toile était levée et j'attendais encore.

CXXVI

LE VOYAGE

A Maxime Du Camp.

I

Pour l'enfant, amoureux de cartes et d'estampes,
L'univers est égal à son vaste appétit.
Ah! que le monde est grand à la clarté des lampes!
Aux yeux du souvenir que le monde est petit!

Un matin nous partons, le cerveau plein de flamme,
Le cœur gros de rancune et de désirs amers,
Et nous allons, suivant le rhythme de la lame,
Berçant notre infini sur le fini des mers :

Les uns, joyeux de fuir une patrie infâme ;
D'autres, l'horreur de leurs berceaux, et quelques-uns,
Astrologues noyés dans les yeux d'une femme,
La Circé tyrannique aux dangereux parfums.

Pour n'être pas changés`en bêtes, ils s'enivrent
D'espace et de lumière et de cieux embrasés ;
La glace qui les mord, les soleils qui les cuivrent,
Effacent lentement la marque des baisers.

Mais les vrais voyageurs sont ceux-là seuls qui partent
Pour partir ; cœurs légers, semblables aux ballons,
De leur fatalité jamais ils ne s'écartent,
Et, sans savoir pourquoi, disent toujours : Allons !

Ceux-là dont les désirs ont la forme des nues,
Et qui rêvent, ainsi qu'un conscrit le canon,
De vastes voluptés, changeantes, inconnues,
Et dont l'esprit humain n'a jamais su le nom !

II

Nous imitons, horreur ! la toupie et la boule
Dans leur valse et leurs bonds ; même dans nos sommeils
La Curiosité nous tourmente et nous roule,
Comme un Ange cruel qui fouette des soleils.

Singulière fortune où le but se déplace,
Et, n'étant nulle part, peut être n'importe où !
Où l'Homme, dont jamais l'espérance n'est lasse,
Pour trouver le repos court toujours comme un fou !

Notre âme est un trois-mâts cherchant son Icarie;
Une voix rententit sur le pont : « Ouvre l'œil! »
Une voix de la hune, ardente et folle, crie :
« Amour... gloire... bonheur! » Enfer! c'est un écueil!

Chaque îlot signalé par l'homme de vigie
Est un Eldorado promis par le Destin;
L'Imagination qui dresse son orgie
Ne trouve qu'un récif aux clartés du matin.

O le pauvre amoureux des pays chimériques!
Faut-il le mettre aux fers, le jeter à la mer,
Ce matelot ivrogne, inventeur d'Amériques
Dont le mirage rend le gouffre plus amer?

Tel le vieux vagabond, piétinant dans la boue,
Rêve, le nez en l'air, de brillants paradis;
Son œil ensorcelé découvre une Capoue
Partout où la chandelle illumine un taudis.

III

Etonnants voyageurs! quelles nobles histoires
Nous lisons dans vos yeux profonds comme les mers!
Montrez-nous les écrins de vos riches mémoires,
Ces bijoux merveilleux, faits d'astres et d'éthers.

Nous voulons voyager sans vapeur et sans voile!
Faites, pour égayer l'ennui de nos prisons,
Passer sur nos esprits, tendus comme une toile,
Vos souvenirs avec leurs cadres d'horizons.

Dites, qu'avez-vous vu?

IV

                              « Nous avons vu des astres
Et des flots ; nous avons vu des sables aussi ;
Et, malgré bien des chocs et d'imprévus désastres,
Nous nous sommes souvent ennuyés, comme ici.

La gloire du soleil sur la mer violette,
La gloire des cités dans le soleil couchant,
Allumaient dans nos cœurs une ardeur inquiète
De plonger dans un ciel au reflet alléchant.

Les plus riches cités, les plus grands paysages,
Jamais ne contenaient l'attrait mystérieux
De ceux que le hasard fait avec les nuages.
Et toujours le désir nous rendait soucieux !

— La jouissance ajoute au désir de la force.
Désir, vieil arbre à qui le plaisir sert d'engrais,
Cependant que grossit et durcit ton écorce,
Tes branches veulent voir le soleil de plus près !

Grandiras-tu toujours, grand arbre plus vivace
Que le cyprès ? — Pourtant nous avons, avec soin,
Cueilli quelques croquis pour votre album vorace,
Frères qui trouvez beau tout ce qui vient de loin !

Nous avons salué des idoles à trompe ;
Des trônes constellés de joyaux lumineux ;
Des palais ouvragés dont la féerique pompe
Serait pour vos banquiers un rêve ruineux ;

Des costumes qui sont pour les yeux une ivresse ;
Des femmes dont les dents et les ongles sont teints,
Et des jongleurs savants que le serpent caresse. »

V

Et puis, et puis encore?

VI

                « O cerveaux enfantins!

Pour ne pas oublier la chose capitale,
Nous avons vu partout, et sans l'avoir cherché,
Du haut jusques en bas de l'échelle fatale,
Le spectacle ennuyeux de l'immortel péché :

La femme, esclave vile, orgueilleuse et stupide,
Sans rire s'adorant et s'aimant sans dégoût;
L'homme, tyran goulu, paillard, dur et cupide,
Esclave de l'esclave et ruisseau dans l'égout;

Le bourreau qui jouit, le martyr qui sanglote;
La fête qu'assaisonne et parfume le sang;
Le poison du pouvoir énervant le despote,
Et le peuple amoureux du fouet abrutissant;

Plusieurs religions semblables à la nôtre,
Toutes escaladant le ciel; la Sainteté,
Comme en un lit de plume un délicat se vautre,
Dans les clous et le crin cherchant la volupté;

L'Humanité bavarde, ivre de son génie,
Et folle, maintenant comme elle était jadis,
Criant à Dieu, dans sa furibonde agonie :
« O mon semblable, ô mon maître, je te maudis! »

Et les moins sots, hardis amants de la Démence,
Fuyant le grand troupeau parqué par le Destin,
Et se réfugiant dans l'opium immense!
— Tel est du globe entier l'éternel bulletin. »

VII

Amer savoir, celui qu'on tire du voyage!
Le monde, monotone et petit, aujourd'hui,
Hier, demain, toujours, nous fait voir notre image :
Une oasis d'horreur dans un désert d'ennui!

Faut-il partir? rester? Si tu peux rester, reste;
Pars, s'il le faut. L'un court, et l'autre se tapit
Pour tromper l'ennemi vigilant et funeste,
Le Temps! Il est, hélas! des coureurs sans répit,

Comme le Juif errant et comme les apôtres,
A qui rien ne suffit, ni wagon ni vaisseau,
Pour fuir ce rétiaire infâme; il en est d'autres
Qui savent le tuer sans quitter leur berceau.

Lorsque enfin il mettra le pied sur notre échine,
Nous pourrons espérer et crier : En avant!
De même qu'autrefois nous partions pour la Chine,
Les yeux fixés au large et les cheveux au vent,

Nous nous embarquerons sur la mer des Ténèbres
Avec le cœur joyeux d'un jeune passager.
Entendez-vous ces voix, charmantes et funèbres,
Qui chantent : « Par ici! vous qui voulez manger

Le Lotus parfumé! c'est ici qu'on vendange
Les fruits miraculeux dont votre cœur a faim;
Venez vous enivrer de la douceur étrange
De cette après-midi qui n'a jamais de fin! »

A l'accent familier nous devinons le spectre;
Nos Pylades là-bas tendent leurs bras vers nous.
« Pour rafraîchir ton cœur nage vers ton Électre! »
Dit celle dont jadis nous baisions les genoux.

VIII

O Mort, vieux capitaine, il est temps! levons l'ancre!
Ce pays nous ennuie, ô Mort! Appareillons!
Si le ciel et la mer sont noirs comme de l'encre,
Nos cœurs que tu connais sont remplis de rayons!

Verse-nous ton poison pour qu'il nous réconforte!
Nous voulons, tant ce feu nous brûle le cerveau,
Plonger au fond du gouffre, Enfer ou Ciel, qu'importe?
Au fond de l'Inconnu pour trouver du *nouveau!*

Les Épaves

(1866)

AVERTISSEMENT DE L'ÉDITEUR

Ce recueil est composé de morceaux poétiques pour la plupart condamnés ou inédits, auxquels M. Charles Baudelaire n'a pas cru devoir faire place dans l'édition définitive des Fleurs du Mal.

Cela explique son titre.

M. Charles Baudelaire a fait don, sans réserve, de ces poëmes à un ami qui juge à propos de les publier, parce qu'il se flatte de les goûter et qu'il est à un âge où l'on aime encore à faire partager ses sentiments à des amis auxquels on prête ses vertus.

L'auteur sera avisé de cette publication en même temps que les deux cent soixante lecteurs probables qui figurent à peu près, — pour son éditeur bénévole, — le public littéraire en France, depuis que les bêtes y ont décidément usurpé la parole sur les hommes.

I

LE COUCHER DU SOLEIL ROMANTIQUE

Que le soleil est beau quand tout frais il se lève,
Comme une explosion nous lançant son bonjour!
— Bienheureux celui-là qui peut avec amour
Saluer son coucher plus glorieux qu'un rêve!

Je me souviens!... J'ai vu tout, fleur, source, sillon,
Se pâmer sous son œil comme un cœur qui palpite...
— Courons vers l'horizon, il est tard, courons vite,
Pour attraper au moins un oblique rayon!

Mais je poursuis en vain le Dieu qui se retire;
L'irrésistible Nuit établit son empire,
Noire, humide, funeste et pleine de frissons;

Une odeur de tombeau dans les ténèbres nage,
Et mon pied peureux froisse, au bord du marécage,
Des crapauds imprévus et de froids limaçons.

II

LESBOS

Mère des jeux latins et des voluptés grecques,
Lesbos, où les baisers, languissants ou joyeux,
Chauds comme les soleils, frais comme les pastèques,
Font l'ornement des nuits et des jours glorieux;
Mère des jeux latins et des voluptés grecques,

Lesbos, où les baisers sont comme les cascades
Qui se jettent sans peur dans les gouffres sans fonds,
Et courent, sanglotant et gloussant par saccades,
Orageux et secrets, fourmillants et profonds;
Lesbos, où les baisers sont comme les cascades!

Lesbos, où les Phrynés l'une l'autre s'attirent,
Où jamais un soupir ne resta sans écho,
A l'égal de Paphos les étoiles t'admirent,
Et Vénus à bon droit peut jalouser Sapho!
Lesbos, où les Phrynés l'une l'autre s'attirent,

Lesbos, terre des nuits chaudes et langoureuses,
Qui font qu'à leurs miroirs, stérile volupté!
Les filles aux yeux creux, de leurs corps amoureuses,
Caressent les fruits mûrs de leur nubilité;
Lesbos, terre des nuits chaudes et langoureuses,

Laisse du vieux Platon se froncer l'œil austère;
Tu tires ton pardon de l'excès des baisers,
Reine du doux empire, aimable et noble terre,
Et des raffinements toujours inépuisés.
Laisse du vieux Platon se froncer l'œil austère.

Tu tires ton pardon de l'éternel martyre,
Infligé sans relâche aux cœurs ambitieux,
Qu'attire loin de nous le radieux sourire
Entrevu vaguement au bord des autres cieux!
Tu tires ton pardon de l'éternel martyre!

Qui des Dieux osera, Lesbos, être ton juge
Et condamner ton front pâli dans les travaux,
Si ses balances d'or n'ont pesé le déluge
De larmes qu'à la mer ont versé tes ruisseaux?
Qui des Dieux osera, Lesbos, être ton juge?

Que nous veulent les lois du juste et de l'injuste?
Vierges au cœur sublime, honneur de l'archipel,
Votre religion comme une autre est auguste,
Et l'amour se rira de l'Enfer et du Ciel!
Que nous veulent les lois du juste et de l'injuste?

Car Lesbos entre tous m'a choisi sur la terre
Pour chanter le secret de ses vierges en fleurs,
Et je fus dès l'enfance admis au noir mystère
Des rires effrénés mêlés aux sombres pleurs;
Car Lesbos entre tous m'a choisi sur la terre.

Et depuis lors je veille au sommet de Leucate,
Comme une sentinelle à l'œil perçant et sûr,
Qui guette nuit et jour brick, tartane ou frégate,
Dont les formes au loin frissonnent dans l'azur;
Et depuis lors je veille au sommet de Leucate

Pour savoir si la mer est indulgente et bonne,
Et parmi les sanglots dont le roc retentit
Un soir ramènera vers Lesbos, qui pardonne,
Le cadavre adoré de Sapho, qui partit
Pour savoir si la mer est indulgente et bonne!

De la mâle Sapho, l'amante et le poëte,
Plus belle que Vénus par ses mornes pâleurs!
— L'œil d'azur est vaincu par l'œil noir que tachète
Le cercle ténébreux tracé par les douleurs
De la mâle Sapho, l'amante et le poëte!

— Plus belle que Vénus se dressant sur le monde
Et versant les trésors de sa sérénité
Et le rayonnement de sa jeunesse blonde
Sur le vieil Océan de sa fille enchanté;
Plus belle que Vénus se dressant sur le monde!

— De Sapho qui mourut le jour de son blasphème,
Quand, insultant le rite et le culte inventé,
Elle fit son beau corps la pâture suprême
D'un brutal dont l'orgueil punit l'impiété
De celle qui mourut le jour de son blasphème.

Et c'est depuis ce temps que Lesbos se lamente,
Et, malgré les honneurs que lui rend l'univers,
S'enivre chaque nuit du cri de la tourmente
Que poussent vers les cieux ses rivages déserts!
Et c'est depuis ce temps que Lesbos se lamente!

III

FEMMES DAMNÉES

Delphine et Hippolyte

A la pâle clarté des lampes languissantes,
Sur de profonds coussins tout imprégnés d'odeur,
Hippolyte rêvait aux caresses puissantes
Qui levaient le rideau de sa jeune candeur.

Elle cherchait, d'un œil troublé par la tempête,
De sa naïveté le ciel déjà lointain,
Ainsi qu'un voyageur qui retourne la tête
Vers les horizons bleus dépassés le matin.

De ses yeux amortis les paresseuses larmes,
L'air brisé, la stupeur, la morne volupté,
Ses bras vaincus, jetés comme de vaines armes,
Tout servait, tout parait sa fragile beauté.

Étendue à ses pieds, calme et pleine de joie,
Delphine la couvait avec des yeux ardents,
Comme un animal fort qui surveille une proie,
Après l'avoir d'abord marquée avec les dents.

Beauté forte à genoux devant la beauté frêle,
Superbe, elle humait voluptueusement
Le vin de son triomphe, et s'allongeait vers elle,
Comme pour recueillir un doux remercîment.

Elle cherchait dans l'œil de sa pâle victime
Le cantique muet que chante le plaisir,
Et cette gratitude infinie et sublime
Qui sort de la paupière ainsi qu'un long soupir.

— « Hippolyte, cher cœur, que dis-tu de ces choses?
Comprends-tu maintenant qu'il ne faut pas offrir
L'holocauste sacré de tes premières roses
Aux souffles violents qui pourraient les flétrir?

Mes baisers sont légers comme ces éphémères
Qui caressent le soir les grands lacs transparents,
Et ceux de ton amant creuseront leurs ornières
Comme des chariots ou des socs déchirants;

Ils passeront sur toi comme un lourd attelage
De chevaux et de bœufs aux sabots sans pitié...
Hippolyte, ô ma sœur! tourne donc ton visage,
Toi, mon âme et mon cœur, mon tout et ma moitié,

Tourne vers moi tes yeux pleins d'azur et d'étoiles!
Pour un de ces regards charmants, baume divin,
Des plaisirs plus obscurs je lèverai les voiles
Et je t'endormirai dans un rêve sans fin! »

Mais Hippolyte alors, levant sa jeune tête :
— « Je ne suis point ingrate et ne me repens pas,
Ma Delphine, je souffre et je suis inquiète,
Comme après un nocturne et terrible repas.

Je sens fondre sur moi de lourdes épouvantes
Et de noirs bataillons de fantômes épars,
Qui veulent me conduire en des routes mouvantes
Qu'un horizon sanglant ferme de toutes parts.

Avons-nous donc commis une action étrange?
Explique, si tu peux, mon trouble et mon effroi :
Je frissonne de peur quand tu me dis : « Mon ange! »
Et cependant je sens ma bouche aller vers toi.

Ne me regarde pas ainsi, toi, ma pensée!
Toi que j'aime à jamais, ma sœur d'élection,
Quand même tu serais une embûche dressée
Et le commencement de ma perdition! »

Delphine secouant sa crinière tragique,
Et comme trépignant sur le trépied de fer,
L'œil fatal, répondit d'une voix despotique :
— « Qui donc devant l'amour ose parler d'enfer?

Maudit soit à jamais le rêveur inutile
Qui voulut le premier, dans sa stupidité,
S'éprenant d'un problème insoluble et stérile,
Aux choses de l'amour mêler l'honnêteté!

Celui qui veut unir dans un accord mystique
L'ombre avec la chaleur, la nuit avec le jour,
Ne chauffera jamais son corps paralytique
A ce rouge soleil que l'on nomme l'amour!

Va, si tu veux, chercher un fiancé stupide;
Cours offrir un cœur vierge à ses cruels baisers;
Et, pleine de remords et d'horreur, et livide,
Tu me rapporteras tes seins stigmatisés...

On ne peut ici-bas contenter qu'un seul maître! »
Mais l'enfant, épanchant une immense douleur,
Cria soudain : « — Je sens s'élargir dans mon être
Un abîme béant; cet abîme est mon cœur!

Brûlant comme un volcan, profond comme le vide!
Rien ne rassasiera ce monstre gémissant
Et ne rafraîchira la soif de l'Euménide
Qui, la torche à la main, le brûle jusqu'au sang.

Que nos rideaux fermés nous séparent du monde,
Et que la lassitude amène le repos!
Je veux m'anéantir dans ta gorge profonde
Et trouver sur ton sein la fraîcheur des tombeaux! »

— Descendez, descendez, lamentables victimes,
Descendez le chemin de l'enfer éternel!
Plongez au plus profond du gouffre, où tous les crimes,
Flagellés par un vent qui ne vient pas du ciel,

Bouillonnent pêle-mêle avec un bruit d'orage.
Ombres folles, courez au but de vos désirs;
Jamais vous ne pourrez assouvir votre rage,
Et votre châtiment naîtra de vos plaisirs.

Jamais un rayon frais n'éclaira vos cavernes;
Par les fentes des murs des miasmes fiévreux
Filtrent en s'enflammant ainsi que des lanternes
Et pénètrent vos corps de leurs parfums affreux.

L'âpre stérilité de votre jouissance
Altère votre soif et roidit votre peau,
Et le vent furibond de la concupiscence
Fait claquer votre chair ainsi qu'un vieux drapeau.

Loin des peuples vivants, errantes, condamnées,
A travers les déserts courez comme les loups;
Faites votre destin, âmes désordonnées,
Et fuyez l'infini que vous portez en vous!

IV

LE LÉTHÉ

Viens sur mon cœur, âme cruelle et sourde,
Tigre adoré, monstre aux airs indolents;
Je veux longtemps plonger mes doigts tremblants
Dans l'épaisseur de ta crinière lourde;

Dans tes jupons remplis de ton parfum
Ensevelir ma tête endolorie,
Et respirer, comme une fleur flétrie,
Le doux relent de mon amour défunt.

Je veux dormir! dormir plutôt que vivre!
Dans un sommeil aussi doux que la mort,
J'étalerai mes baisers sans remord
Sur ton beau corps poli comme le cuivre.

Pour engloutir mes sanglots apaisés
Rien ne me vaut l'abîme de ta couche;
L'oubli puissant habite sur ta bouche,
Et le Léthé coule dans tes baisers.

A mon destin, désormais mon délice,
J'obéirai comme un prédestiné;
Martyr docile, innocent condamné,
Dont la ferveur attise le supplice,

Je sucerai, pour noyer ma rancœur,
Le népenthès et la bonne ciguë
Aux bouts charmants de cette gorge aiguë,
Qui n'a jamais emprisonné de cœur.

V

A CELLE QUI EST TROP GAIE

Ta tête, ton geste, ton air
Sont beaux comme un beau paysage;
Le rire joue en ton visage
Comme un vent frais dans un ciel clair.

Le passant chagrin que tu frôles
Est ébloui par la santé
Qui jaillit comme une clarté
De tes bras et de tes épaules.

Les retentissantes couleurs
Dont tu parsèmes tes toilettes
Jettent dans l'esprit des poëtes
L'image d'un ballet de fleurs.

Ces robes folles sont l'emblème
De ton esprit bariolé;
Folle dont je suis affolé,
Je te hais autant que je t'aime!

Quelquefois dans un beau jardin
Où je traînais mon atonie,
J'ai senti, comme une ironie,
Le soleil déchirer mon sein;

Et le printemps et la verdure
Ont tant humilié mon cœur,
Que j'ai puni sur une fleur
L'insolence de la Nature.

Ainsi je voudrais, une nuit,
Quand l'heure des voluptés sonne,
Vers les trésors de ta personne,
Comme un lâche, ramper sans bruit,

Pour châtier ta chair joyeuse,
Pour meurtrir ton sein pardonné,
Et faire à ton flanc étonné
Une blessure large et creuse,

Et, vertigineuse douceur !
A travers ces lèvres nouvelles,
Plus éclatantes et plus belles,
T'infuser mon venin, ma sœur !

VI

LES BIJOUX

La très-chère était nue, et, connaissant mon cœur,
Elle n'avait gardé que ses bijoux sonores,
Dont le riche attirail lui donnait l'air vainqueur
Qu'ont dans leurs jours heureux les esclaves des Mores.

Quand il jette en dansant son bruit vif et moqueur,
Ce monde rayonnant de métal et de pierre
Me ravit en extase, et j'aime à la fureur
Les choses où le son se mêle à la lumière.

Elle était donc couchée et se laissait aimer,
Et du haut du divan elle souriait d'aise
A mon amour profond et doux comme la mer,
Qui vers elle montait comme vers sa falaise.

Les yeux fixés sur moi, comme un tigre dompté,
D'un air vague et rêveur elle essayait des poses,
Et la candeur unie à la lubricité
Donnait un charme neuf à ses métamorphoses;

Et son bras et sa jambe, et sa cuisse et ses reins,
Polis comme de l'huile, onduleux comme un cygne,
Passaient devant mes yeux clairvoyants et sereins;
Et son ventre et ses seins, ces grappes de ma vigne,

S'avançaient, plus câlins que les Anges du mal,
Pour troubler le repos où mon âme était mise,
Et pour la déranger du rocher de cristal
Où, calme et solitaire, elle s'était assise.

Je croyais voir unis par un nouveau dessin
Les hanches de l'Antiope au buste d'un imberbe,
Tant sa taille faisait ressortir son bassin.
Sur ce teint fauve et brun le fard était superbe!

— Et la lampe s'étant résignée à mourir,
Comme le foyer seul illuminait la chambre,
Chaque fois qu'il poussait un flamboyant soupir,
Il inondait de sang cette peau couleur d'ambre!

VII

LES MÉTAMORPHOSES DU VAMPIRE

La femme cependant, de sa bouche de fraise,
En se tordant ainsi qu'un serpent sur la braise,
Et pétrissant ses seins sur le fer de son busc,
Laissait couler ces mots tout imprégnés de musc :

— « Moi, j'ai la lèvre humide, et je sais la science
De perdre au fond d'un lit l'antique conscience.
Je sèche tous les pleurs sur mes seins triomphants,
Et fais rire les vieux du rire des enfants.
Je remplace, pour qui me voit nue et sans voiles,
La lune, le soleil, le ciel et les étoiles!
Je suis, mon cher savant, si docte aux voluptés,
Lorsque j'étouffe un homme en mes bras redoutés,
Ou lorsque j'abandonne aux morsures mon buste,
Timide et libertine, et fragile et robuste,
Que sur ces matelas qui se pâment d'émoi,
Les anges impuissants se damneraient pour moi! »

Quand elle eut de mes os sucé toute la moelle,
Et que languissamment je me tournai vers elle
Pour lui rendre un baiser d'amour, je ne vis plus
Qu'une outre aux flancs gluants, toute pleine de pus!
Je fermai les deux yeux, dans ma froide épouvante,
Et quand je les rouvris à la clarté vivante,
A mes côtés, au lieu du mannequin puissant
Qui semblait avoir fait provision de sang,
Tremblaient confusément des débris de squelette,
Qui d'eux-mêmes rendaient le cri d'une girouette
Ou d'une enseigne, au bout d'une tringle de fer,
Que balance le vent pendant les nuits d'hiver.

VIII

LE JET D'EAU

Tes beaux yeux sont las, pauvre amante !
Reste longtemps, sans les rouvrir,
Dans cette pose nonchalante
Où t'a surprise le plaisir.
Dans la cour le jet d'eau qui jase
Et ne se tait ni nuit ni jour,
Entretient doucement l'extase
Où ce soir m'a plongé l'amour.

La gerbe épanouie
En mille fleurs,
Où Phœbé réjouie
Met ses couleurs,
Tombe comme une pluie
De larges pleurs.

Ainsi ton âme qu'incendie
L'éclair brûlant des voluptés
S'élance, rapide et hardie,
Vers les vastes cieux enchantés.

Puis, elle s'épanche, mourante,
En un flot de triste langueur,
Qui par une invisible pente
Descend jusqu'au fond de mon cœur.

La gerbe épanouie
En mille fleurs,
Où Phœbé réjouie
Met ses couleurs,
Tombe comme une pluie
De larges pleurs.

O toi, que la nuit rend si belle,
Qu'il m'est doux, penché vers tes seins,
D'écouter la plainte éternelle
Qui sanglote dans les bassins !
Lune, eau sonore, nuit bénie,
Arbres qui frissonnez autour,
Votre pure mélancolie
Est le miroir de mon amour.

La gerbe épanouie
En mille fleurs,
Où Phœbé réjouie
Met ses couleurs,
Tombe comme une pluie
De larges pleurs.

IX

LES YEUX DE BERTHE

Vous pouvez mépriser les yeux les plus célèbres,
Beaux yeux de mon enfant, par où filtre et s'enfuit
Je ne sais quoi de bon, de doux comme la Nuit !
Beaux yeux, versez sur moi vos charmantes ténèbres !

Grands yeux de mon enfant, arcanes adorés,
Vous ressemblez beaucoup à ces grottes magiques
Où, derrière l'amas des ombres léthargiques,
Scintillent vaguement des trésors ignorés!

Mon enfant a des yeux obscurs, profonds et vastes,
Comme toi, Nuit immense, éclairés comme toi!
Leurs feux sont ces pensers d'Amour, mêlés de Foi,
Qui pétillent au fond, voluptueux ou chastes.

X

HYMNE

A la très-chère, à la très-belle
Qui remplit mon cœur de clarté,
A l'ange, à l'idole immortelle,
Salut en l'immortalité!

Elle se répand dans ma vie
Comme un air imprégné de sel,
Et dans mon âme inassouvie
Verse le goût de l'éternel.

Sachet toujours frais qui parfume
L'atmosphère d'un cher réduit,
Encensoir oublié qui fume
En secret à travers la nuit,

Comment, amour incorruptible,
T'exprimer avec vérité?
Grain de musc qui gis, invisible,
Au fond de mon éternité!

A la très-bonne, à la très-belle,
Qui fait ma joie et ma santé,
A l'ange, à l'idole immortelle,
Salut en l'immortalité!

XI

LES PROMESSES D'UN VISAGE

J'aime, ô pâle beauté, tes soucils surbaissés,
      D'où semblent couler des ténèbres;
Tes yeux, quoique très-noirs, m'inspirent des pensers
      Qui ne sont pas du tout funèbres.

Tes yeux, qui sont d'accord avec tes noirs cheveux,
      Avec ta crinière élastique,
Tes yeux, languissamment, me disent : « Si tu veux,
      Amant de la muse plastique,

Suivre l'espoir qu'en toi nous avons excité,
      Et tous les goûts que tu professes,
Tu pourras constater notre véracité,
      Depuis le nombril jusqu'aux fesses;

Tu trouveras au bout de deux beaux seins bien lourds,
      Deux larges médailles de bronze,
Et sous un ventre uni, doux comme du velours,
      Bistré comme la peau d'un bonze,

Une riche toison qui, vraiment, est la sœur
      De cette énorme chevelure,
Souple et frisée, et qui t'égale en épaisseur,
      Nuit sans étoiles, Nuit obscure! »

XII

LE MONSTRE

ou

Le paranymphe d'une nymphe macabre

I

Tu n'es certes pas, ma très-chère,
Ce que Veuillot nomme un tendron.
Le jeu, l'amour, la bonne chère,
Bouillonnent en toi, vieux chaudron !
Tu n'es plus fraîche, ma très-chère,

Ma vieille infante ! Et cependant
Tes caravanes insensées
T'ont donné ce lustre abondant
Des choses qui sont très-usées,
Mais qui séduisent cependant.

Je ne trouve pas monotone
La verdeur de tes quarante ans ;
Je préfère tes fruits, Automne,
Aux fleurs banales du Printemps !
Non ! tu n'es jamais monotone !

Ta carcasse a des agréments
Et des grâces particulières ;
Je trouve d'étranges piments
Dans le creux de tes deux salières ;
Ta carcasse a des agréments !

Nargue des amants ridicules
Du melon et du giraumont!
Je préfère tes clavicules
A celles du roi Salomon,
Et je plains ces gens ridicules!

Tes cheveux, comme un casque bleu,
Ombragent ton front de guerrière,
Qui ne pense et rougit que peu,
Et puis se sauvent par derrière,
Comme les crins d'un casque bleu.

Tes yeux qui semblent de la boue,
Où scintille quelque fanal,
Ravivés au fard de ta joue,
Lancent un éclair infernal!
Tes yeux sont noirs comme la boue!

Par sa luxure et son dédain
Ta lèvre amère nous provoque;
Cette lèvre, c'est un Éden
Qui nous attire et qui nous choque.
Quelle luxure! et quel dédain!

Ta jambe musculeuse et sèche
Sait gravir au haut des volcans,
Et malgré la neige et la dèche
Danser les plus fougueux cancans.
Ta jambe est musculeuse et sèche;

Ta peau brûlante et sans douceur,
Comme celle des vieux gendarmes,
Ne connaît pas plus la sueur
Que ton œil ne connaît les larmes.
(Et pourtant elle a sa douceur!)

II

Sotte, tu t'en vas droit au Diable !
Volontiers j'irais avec toi,
Si cette vitesse effroyable
Ne me causait pas quelque émoi.
Va-t'en donc, toute seule, au Diable !

Mon rein, mon poumon, mon jarret
Ne me laissent plus rendre hommage
A ce Seigneur, comme il faudrait.
« Hélas ! c'est vraiment bien dommage ! »
Disent mon rein et mon jarret.

Oh ! très-sincèrement je souffre
De ne pas aller aux sabbats,
Pour voir, quand il pète du soufre,
Comment tu lui baises son cas !
Oh ! très-sincèrement je souffre !

Je suis diablement affligé
De ne pas être ta torchère,
Et de te demander congé,
Flambeau d'enfer ! Juge, ma chère,
Combien je dois être affligé,

Puisque depuis longtemps je t'aime,
Étant très-logique ! En effet,
Voulant du Mal chercher la crème
Et n'aimer qu'un monstre parfait,
Vraiment oui ! vieux monstre, je t'aime !

XIII

FRANCISCÆ MEÆ LAUDES

Vers composés pour une modiste érudite et dévote

(*Voir ci-dessus*, les fleurs du mal, LX.)

XIV

VERS POUR LE PORTRAIT
DE M. HONORE DAUMIER

Celui dont nous t'offrons l'image,
Et dont l'art, subtil entre tous,
Nous enseigne à rire de nous,
Celui-là, lecteur, est un sage.

C'est un satirique, un moqueur;
Mais l'énergie avec laquelle
Il peint le Mal et sa séquelle,
Prouve la beauté de son cœur.

Son rire n'est pas la grimace
De Melmoth ou de Méphisto
Sous la torche de l'Alecto
Qui les brûle, mais qui nous glace.

Leur rire, hélas! de la gaîté
N'est que la douloureuse charge;
Le sien rayonne, franc et large,
Comme un signe de sa bonté!

XV

LOLA DE VALENCE

Entre tant de beautés que partout on peut voir,
Je comprends bien, amis, que le désir balance;
Mais on voit scintiller en Lola de Valence
Le charme inattendu d'un bijou rose et noir.

XVI

SUR *LE TASSE EN PRISON*
d'Eugène Delacroix

Le poëte au cachot, débraillé, maladif,
Roulant un manuscrit sous son pied convulsif,
Mesure d'un regard que la terreur enflamme
L'escalier de vertige où s'abîme son âme.

Les rires enivrants dont s'emplit la prison
Vers l'étrange et l'absurde invitent sa raison;
Le Doute l'environne, et la Peur ridicule,
Hideuse et multiforme, autour de lui circule.

Ce génie enfermé dans un taudis malsain,
Ces grimaces, ces cris, ces spectres dont l'essaim
Tourbillonne, ameuté derrière son oreille,

Ce rêveur que l'horreur de son logis réveille,
Voilà bien ton emblème, Ame aux songes obscurs,
Que le Réel étouffe entre ses quatre murs!

XVII

LA VOIX

Mon berceau s'adossait à la bibliothèque,
Babel sombre, où roman, sciencĕ, fabliau,
Tout, la cendre latine et la poussière grecque,
Se mêlaient. J'étais haut comme un in-folio.
Deux voix me parlaient. L'une, insidieuse et ferme,
Disait : « La Terre est un gâteau plein de douceur;
Je puis (et ton plaisir serait alors sans terme!)
Te faire un appétit d'une égale grosseur. »
Et l'autre : « Viens! oh! viens voyager dans les rêves,
Au delà du possible, au delà du connu! »
Et celle-là chantait comme le vent des grèves,
Fantôme vagissant, on ne sait d'où venu,
Qui caresse l'oreille et cependant l'effraie.
Je te répondis : « Oui! douce voix! » C'est d'alors
Que date ce qu'on peut, hélas! nommer ma plaie
Et ma fatalité. Derrière les décors
De l'existence immense, au plus noir de l'abîme,
Je vois distinctement des mondes singuliers,
Et, de ma clairvoyance extatique victime,
Je traîne des serpents qui mordent mes souliers.

Et c'est depuis ce temps que, pareil aux prophètes,
J'aime si tendrement le désert et la mer;
Que je ris dans les deuils et pleure dans les fêtes,
Et trouve un goût suave au vin le plus amer;
Que je prends très-souvent les faits pour des mensonges,
Et que, les yeux au ciel, je tombe dans des trous.
Mais la voix me console et dit : « Garde tes songes;
Les sages n'en ont pas d'aussi beaux que les fous! »

XVIII

L'IMPRÉVU

Harpagon, qui veillait son père agonisant,
Se dit, rêveur, devant ces lèvres déjà blanches :
« Nous avons au grenier un nombre suffisant,
    Ce me semble, de vieilles planches? »

Célimène roucoule et dit : « Mon cœur est bon,
Et naturellement, Dieu m'a faite très-belle. »
— Son cœur! cœur racorni, fumé comme un jambon,
    Recuit à la flamme éternelle!

Un gazetier fumeux, qui se croit un flambeau,
Dit au pauvre, qu'il a noyé dans les ténèbres :
« Où donc l'aperçois-tu, ce créateur du Beau,
    Ce Redresseur que tu célèbres? »

Mieux que tous, je connais certain voluptueux
Qui bâille nuit et jour, et se lamente et pleure,
Répétant, l'impuissant et le fat : « Oui, je veux
    Être vertueux, dans une heure! »

L'horloge, à son tour, dit à voix basse : « Il est mûr,
Le damné ! J'avertis en vain la chair infecte.
L'homme est aveugle, sourd, fragile, comme un mur
    Qu'habite et que ronge un insecte ! »

Et puis, Quelqu'un paraît, que tous avaient nié,
Et qui leur dit, railleur et fier : « Dans mon ciboire,
Vous avez, que je crois, assez communié,
    A la joyeuse Messe noire ?

Chacun de vous m'a fait un temple dans son cœur ;
Vous avez, en secret, baisé ma fesse immonde !
Reconnaissez Satan à son rire vainqueur,
    Énorme et laid comme le monde !

Avez-vous donc pu croire, hypocrites surpris,
Qu'on se moque du maître, et qu'avec lui l'on triche,
Et qu'il soit naturel de recevoir deux prix,
    D'aller au Ciel et d'être riche ?

Il faut que le gibier paye le vieux chasseur
Qui se morfond longtemps à l'affût de la proie.
Je vais vous emporter à travers l'épaisseur,
    Compagnons de ma triste joie,

A travers l'épaisseur de la terre et du roc,
A travers les amas confus de votre cendre,
Dans un palais aussi grand que moi, d'un seul bloc,
    Et qui n'est pas de pierre tendre ;

Car il est fait avec l'universel Péché,
Et contient mon orgueil, ma douleur et ma gloire ! »
— Cependant, tout en haut de l'univers juché,
    Un ange sonne la victoire

De ceux dont le cœur dit : « Que béni soit ton fouet,
Seigneur! que la douleur, ô Père, soit bénie!
Mon âme dans tes mains n'est pas un vain jouet,
    Et ta prudence est infinie. »

Le son de la trompette est si délicieux,
Dans ces soirs solennels de célestes vendanges,
Qu'il s'infiltre comme une extase dans tous ceux
    Dont elle chante les louanges.

XIX

LA RANÇON

    L'homme a, pour payer sa rançon,
    Deux champs au tuf profond et riche,
    Qu'il faut qu'il remue et défriche
    Avec le fer de la raison;

    Pour obtenir la moindre rose,
    Pour extorquer quelques épis,
    Des pleurs salés de son front gris
    Sans cesse il faut qu'il les arrose.

    L'un est l'Art, et l'autre l'Amour.
    — Pour rendre le juge propice,
    Lorsque de la stricte justice
    Paraîtra le terrible jour,

    Il faudra lui montrer des granges
    Pleines de moissons, et des fleurs
    Dont les formes et les couleurs
    Gagnent le suffrage des Anges.

XX

A UNE MALABARAISE

Tes pieds sont aussi fins que tes mains, et ta hanche
Est large à faire envie à la plus belle blanche;
A l'artiste pensif ton corps est doux et cher;
Tes grands yeux de velours sont plus noirs que ta chair.
Aux pays chauds et bleus où ton Dieu t'a fait naître,
Ta tâche est d'allumer la pipe de ton maître,
De pourvoir les flacons d'eaux fraîches et d'odeurs,
De chasser loin du lit les moustiques rôdeurs,
Et, dès que le matin fait chanter les platanes,
D'acheter au bazar ananas et bananes.
Tout le jour, où tu veux, tu mènes tes pieds nus,
Et fredonnes tout bas de vieux airs inconnus;
Et quand descend le soir au manteau d'écarlate,
Tu poses doucement ton corps sur une natte,
Où tes rêves flottants sont pleins de colibris,
Et toujours, comme toi, gracieux et fleuris.
Pourquoi, l'heureuse enfant, veux-tu voir notre France,
Ce pays trop peuplé que fauche la souffrance,
Et, confiant ta vie aux bras forts des marins,
Faire de grands adieux à tes chers tamarins?
Toi, vêtue à moitié de mousselines frêles,
Frissonnante là-bas sous la neige et les grêles,
Comme tu pleurerais tes loisirs doux et francs,
Si, le corset brutal emprisonnant tes flancs,
Il te fallait glaner ton souper dans nos fanges
Et vendre le parfum de tes charmes étranges,
L'œil pensif, et suivant, dans nos sales brouillards,
Des cocotiers absents les fantômes épars!

XXI

SUR LES DÉBUTS D'AMINA BOSCHETTI

au théâtre de la Monnaie, à Bruxelles

Amina bondit, — fuit, — puis voltige et sourit;
Le Welche dit : « Tout ça, pour moi, c'est du prâcrit;
Je ne connais, en fait de nymphes bocagères,
Que celles de *Montagne-aux-Herbes-Potagères.* »

Du bout de son pied fin et de son œil qui rit,
Amina verse à flots le délire et l'esprit;
Le Welche dit : « Fuyez, délices mensongères!
Mon épouse n'a pas ces allures légères. »

Vous ignorez, sylphide au jarret triomphant,
Qui voulez enseigner la walse à l'éléphant,
Au hibou la gaîté, le rire à la cigogne,

Que sur la grâce en feu le Welche dit : « Haro! »
Et que le doux Bacchus lui versant du bourgogne,
Le monstre répondrait : « J'aime mieux le faro! »

XXII

A PROPOS D'UN IMPORTUN

qui se disait son ami

Il me dit qu'il était très-riche,
Mais qu'il craignait le choléra ;
— Que de son or il était chiche,
Mais qu'il goûtait fort l'Opéra ;

— Qu'il raffolait de la nature,
Ayant connu monsieur Corot ;
— Qu'il n'avait pas encor voiture,
Mais que cela viendrait bientôt ;

— Qu'il aimait le marbre et la brique,
Les bois noirs et les bois dorés ;
— Qu'il possédait dans sa fabrique
Trois contre-maîtres décorés ;

— Qu'il avait, sans compter le reste,
Vingt mille actions sur le *Nord ;*
— Qu'il avait trouvé, pour un zeste,
Des encadrements d'Oppennord ;

— Qu'il donnerait (fût-ce à Luzarches !)
Dans le bric-à-brac jusqu'au cou,
Et qu'au Marché des Patriarches
Il avait fait plus d'un bon coup ;

— Qu'il n'aimait pas beaucoup sa femme,
Ni sa mère; — mais qu'il croyait
A l'immortalité de l'âme,
Et qu'il avait lu Niboyet!

— Qu'il penchait pour l'amour physique,
Et qu'à Rome, séjour d'ennui,
Une femme, d'ailleurs phthisique,
Était morte d'amour pour lui.

Pendant trois heures et demie,
Ce bavard, venu de Tournai,
M'a dégoisé toute sa vie;
J'en ai le cerveau consterné.

S'il fallait décrire ma peine,
Ce serait à n'en plus finir;
Je me disais, domptant ma haine :
« Au moins, si je pouvais dormir! »

Comme un qui n'est pas à son aise,
Et qui n'ose pas s'en aller,
Je frottais de mon cul ma chaise,
Rêvant de le faire empaler.

Ce monstre se nomme Bastogne;
Il fuyait devant le fléau.
Moi, je fuirai jusqu'en Gascogne,
Ou j'irai me jeter à l'eau,

Si dans ce Paris, qu'il redoute,
Quand chacun sera retourné,
Je trouve encore sur ma route
Ce fléau, natif de Tournai.

Bruxelles, 1865

XXIII

UN CABARET FOLÂTRE
SUR LA ROUTE DE BRUXELLES A UCCLE

Vous qui raffolez des squelettes
Et des emblèmes détestés,
Pour épicer les voluptés,
(Fût-ce de simples omelettes!)

Vieux Pharaon, ô Monselet!
Devant cette enseigne imprévue,
J'ai rêvé de vous : *A la vue*
Du Cimetière, Estaminet!

*Apport
de la troisième édition
des
Fleurs du Mal*

(1868)

I

ÉPIGRAPHE
POUR UN LIVRE CONDAMNÉ

Lecteur paisible et bucolique,
Sobre et naïf homme de bien,
Jette ce livre saturnien,
Orgiaque et mélancolique.

Si tu n'as fait ta rhétorique
Chez Satan, le rusé doyen,
Jette! tu n'y comprendrais rien,
Ou tu me croirais hystérique.

Mais si, sans se laisser charmer,
Ton œil sait plonger dans les gouffres,
Lis-moi, pour apprendre à m'aimer;

Âme curieuse qui souffres
Et vas cherchant ton paradis,
Plains-moi!... Sinon, je te maudis!

II

A THÉODORE DE BANVILLE
(1842)

Vous avez empoigné les crins de la Déesse
Avec un tel poignet, qu'on vous eût pris, à voir
Et cet air de maîtrise et ce beau nonchaloir,
Pour un jeune ruffian terrassant sa maîtresse.

L'œil clair et plein du feu de la précocité,
Vous avez prélassé votre orgueil d'architecte
Dans des constructions dont l'audace correcte
Fait voir quelle sera votre maturité.

Poëte, notre sang nous fuit par chaque porte;
Est-ce que par hasard la robe du Centaure,
Qui changeait toute veine en funèbre ruisseau,

Était teinte trois fois dans les baves subtiles
De ces vindicatifs et monstrueux reptiles
Que le petit Hercule étranglait au berceau?

III

LE CALUMET DE PAIX
Imité de Longfellow

I

Or Gitche Manito, le Maître de la Vie,
Le Puissant, descendit dans la verte prairie,
Dans l'immense prairie aux coteaux montueux;
Et là, sur les rochers de la Rouge Carrière,
Dominant tout l'espace et baigné de lumière,
Il se tenait debout, vaste et majestueux.

Alors il convoqua les peuples innombrables,
Plus nombreux que ne sont les herbes et les sables.
Avec sa main terrible il rompit un morceau
Du rocher, dont il fit une pipe superbe,
Puis, au bord du ruisseau, dans une énorme gerbe,
Pour s'en faire un tuyau, choisit un long roseau.

Pour la bourrer il prit au saule son écorce;
Et lui, le Tout-Puissant, Créateur de la Force,
Debout, il alluma, comme un divin fanal,
La Pipe de la Paix. Debout sur la Carrière
Il fumait, droit, superbe et baigné de lumière.
Or pour les nations c'était le grand signal.

Et lentement montait la divine fumée
Dans l'air doux du matin, onduleuse, embaumée.
Et d'abord ce ne fut qu'un sillon ténébreux;
Puis la vapeur se fit plus bleue et plus épaisse,
Puis blanchit; et montant, et grossissant sans cesse,
Elle alla se briser au dur plafond des cieux.

Des plus lointains sommets des Montagnes Rocheuses,
Depuis les lacs du Nord aux ondes tapageuses,
Depuis Tawasentha, le vallon sans pareil,
Jusqu'à Tuscaloosa, la forêt parfumée,
Tous virent le signal et l'immense fumée
Montant paisiblement dans le matin vermeil.

Les Prophètes disaient : « Voyez-vous cette bande
De vapeur, qui, semblable à la main qui commande,
Oscille et se détache en noir sur le soleil?
C'est Gitche Manito, le Maître de la Vie,
Qui dit aux quatre coins de l'immense prairie :
« Je vous convoque tous, guerriers, à mon conseil! »

Par le chemin des eaux, par la route des plaines,
Par les quatre côtés d'où soufflent les haleines
Du vent, tous les guerriers de chaque tribu, tous,
Comprenant le signal du nuage qui bouge,
Vinrent docilement à la Carrière Rouge
Où Gitche Manito leur donnait rendez-vous.

Les guerriers se tenaient sur la verte prairie,
Tous équipés en guerre, et la mine aguerrie,
Bariolés ainsi qu'un feuillage automnal;
Et la haine qui fait combattre tous les êtres,
La haine qui brûlait les yeux de leurs ancêtres
Incendiait encor leurs yeux d'un feu fatal.

Et leurs yeux étaient pleins de haine héréditaire.
Or Gitche Manito, le Maître de la Terre,
Les considérait tous avec compassion,
Comme un père très-bon, ennemi du désordre,
Qui voit ses chers petits batailler et se mordre.
Tel Gitche Manito pour toute nation.

Il étendit sur eux sa puissante main droite
Pour subjuguer leur cœur et leur nature étroite,
Pour rafraîchir leur fièvre à l'ombre de sa main;
Puis il leur dit avec sa voix majestueuse,
Comparable à la voix d'une eau tumultueuse
Qui tombe et rend un son monstrueux, surhumain :

II

« O ma postérité, déplorable et chérie!
O mes fils! écoutez la divine raison
C'est Gitche Manito, le Maître de la Vie,
Qui vous parle! celui qui dans votre patrie
A mis l'ours, le castor, le renne et le bison.

Je vous ai fait la chasse et la pêche faciles;
Pourquoi donc le chasseur devient-il assassin?
Le marais fut par moi peuplé de volatiles;
Pourquoi n'êtes-vous pas contents, fils indociles?
Pourquoi l'homme fait-il la chasse à son voisin?

Je suis vraiment bien las de vos horribles guerres.
Vos prières, vos vœux mêmes sont des forfaits!
Le péril est pour vous dans vos humeurs contraires,
Et c'est dans l'union qu'est votre force. En frères
Vivez donc, et sachez vous maintenir en paix.

Bientôt vous recevrez de ma main un Prophète
Qui viendra vous instruire et souffrir avec vous.
Sa parole fera de la vie une fête;
Mais si vous méprisez sa sagesse parfaite,
Pauvres enfants maudits, vous disparaîtrez tous!

Effacez dans les flots vos couleurs meurtrières.
Les roseaux sont nombreux et le roc est épais;
Chacun en peut tirer sa pipe. Plus de guerres,
Plus de sang! Désormais vivez comme des frères,
Et tous, unis, fumez le Calumet de Paix! »

III

Et soudain tous, jetant leurs armes sur la terre,
Lavent dans le ruisseau les couleurs de la guerre
Qui luisaient sur leurs fronts cruels et triomphants.
Chacun creuse une pipe et cueille sur la rive
Un long roseau qu'avec adresse il enjolive.
Et l'Esprit souriait à ses pauvres enfants!

Chacun s'en retourna l'âme calme et ravie,
Et Gitche Manito, le Maître de la Vie,
Remonta par la porte entr'ouverte des cieux.
— A travers la vapeur splendide du nuage
Le Tout-Puissant montait, content de son ouvrage,
Immense, parfumé, sublime, radieux !

IV

LA PRIÈRE D'UN PAÏEN

Ah ! ne ralentis pas tes flammes ;
Réchauffe mon cœur engourdi,
Volupté, torture des âmes !
Diva ! supplicem exaudi !

Déesse dans l'air répandue,
Flamme dans notre souterrain !
Exauce une âme morfondue,
Qui te consacre un chant d'airain.

Volupté, sois toujours ma reine !
Prends le masque d'une sirène
Faite de chair et de velours,

Ou verse-moi tes sommeils lourds
Dans le vin informe et mystique,
Volupté, fantôme élastique !

V

LE COUVERCLE

En quelque lieu qu'il aille, ou sur mer ou sur terre,
Sous un climat de flamme ou sous un soleil blanc,
Serviteur de Jésus, courtisan de Cythère,
Mendiant ténébreux ou Crésus rutilant,

Citadin, campagnard, vagabond, sédentaire,
Que son petit cerveau soit actif ou soit lent,
Partout l'homme subit la terreur du mystère,
Et ne regarde en haut qu'avec un œil tremblant.

En haut, le Ciel! ce mur de caveau qui l'étouffe,
Plafond illuminé par un opéra bouffe
Où chaque histrion foule un sol ensanglanté;

Terreur du libertin, espoir du fol ermite;
Le Ciel! couvercle noir de la grande marmite
Où bout l'imperceptible et vaste Humanité.

VI

L'EXAMEN DE MINUIT

La pendule, sonnant minuit,
Ironiquement nous engage
A nous rappeler quel usage
Nous fîmes du jour qui s'enfuit :
— Aujourd'hui, date fatidique,
Vendredi, treize, nous avons,
Malgré tout ce que nous savons,
Mené le train d'un hérétique.

Nous avons blasphémé Jésus,
Des Dieux le plus incontestable!
Comme un parasite à la table
De quelque monstrueux Crésus,
Nous avons, pour plaire à la brute,
Digne vassale des Démons,
Insulté ce que nous aimons
Et flatté ce qui nous rebute;

Contristé, servile bourreau,
Le faible qu'à tort on méprise;
Salué l'énorme Bêtise,
La Bêtise au front de taureau;
Baisé la stupide Matière
Avec grande dévotion,
Et de la putréfaction
Béni la blafarde lumière.

Enfin, nous avons, pour noyer
Le vertige dans le délire,
Nous, prêtre orgueilleux de la Lyre,
Dont la gloire est de déployer
L'ivresse des choses funèbres,
Bu sans soif et mangé sans faim!...
— Vite soufflons la lampe, afin
De nous cacher dans les ténèbres!

VII

MADRIGAL TRISTE

I

Que m'importe que tu sois sage?
Sois belle! et sois triste! Les pleurs
Ajoutent un charme au visage,
Comme le fleuve au paysage;
L'orage rajeunit les fleurs.

Je t'aime surtout quand la joie
S'enfuit de ton front terrassé;
Quand ton cœur dans l'horreur se noie;
Quand sur ton présent se déploie
Le nuage affreux du passé.

Je t'aime quand ton grand œil verse
Une eau chaude comme le sang;
Quand, malgré ma main qui te berce,
Ton angoisse, trop lourde, perce
Comme un râle d'agonisant.

J'aspire, volupté divine!
Hymne profond, délicieux!
Tous les sanglots de ta poitrine,
Et crois que ton cœur s'illumine
Des perles que versent tes yeux!

II

Je sais que ton cœur, qui regorge
De vieux amours déracinés,
Flamboie encor comme une forge,
Et que tu couves sous ta gorge
Un peu de l'orgueil des damnés;

Mais tant, ma chère, que tes rêves
N'auront pas reflété l'Enfer,
Et qu'en un cauchemar sans trêves,
Songeant de poisons et de glaives,
Éprise de poudre et de fer,

N'ouvrant à chacun qu'avec crainte,
Déchiffrant le malheur partout,
Te convulsant quand l'heure tinte,
Tu n'auras pas senti l'étreinte
De l'irrésistible Dégoût,

Tu ne pourras, esclave reine
Qui ne m'aimes qu'avec effroi,
Dans l'horreur de la nuit malsaine
Me dire, l'âme de cris pleine :
« Je suis ton égale, ô mon Roi! »

VIII

L'AVERTISSEUR

Tout homme digne de ce nom
A dans le cœur un Serpent jaune,
Installé comme sur un trône,
Qui, s'il dit : « Je veux! » répond « Non! »

Plonge tes yeux dans les yeux fixes
Des Satyresses ou des Nixes,
La Dent dit : « Pense à ton devoir! »

Fais des enfants, plante des arbres,
Polis des vers, sculpte des marbres,
La Dent dit : « Vivras-tu ce soir? »

Quoi qu'il ébauche ou qu'il espère,
L'homme ne vit pas un moment
Sans subir l'avertissement
De l'insupportable Vipère.

IX

LE REBELLE

Un Ange furieux fond du ciel comme un aigle,
Du mécréant saisit à plein poing les cheveux,
Et dit, le secouant : « Tu connaîtras la règle !
(Car je suis ton bon Ange, entends-tu ?) Je le veux !

Sache qu'il faut aimer, sans faire la grimace,
Le pauvre, le méchant, le tortu, l'hébété,
Pour que tu puisses faire à Jésus, quand il passe,
Un tapis triomphal avec ta charité.

Tel est l'Amour ! Avant que ton cœur ne se blase,
A la gloire de Dieu rallume ton extase ;
C'est la Volupté vraie aux durables appas ! »

Et l'Ange, châtiant autant, ma foi ! qu'il aime,
De ses poings de géant torture l'anathème ;
Mais le damné répond toujours : « Je ne veux pas ! »

X

BIEN LOIN D'ICI

C'est ici la case sacrée
Où cette fille très-parée,
Tranquille et toujours préparée,

D'une main éventant ses seins,
Et son coude dans les coussins,
Écoute pleurer les bassins :

C'est la chambre de Dorothée.
— La brise et l'eau chantent au loin
Leur chanson de sanglots heurtée
Pour bercer cette enfant gâtée.

Du haut en bas, avec grand soin,
Sa peau délicate est frottée
D'huile odorante et de benjoin.
— Des fleurs se pâment dans un coin.

XI

LE GOUFFRE

Pascal avait son gouffre, avec lui se mouvant.
— Hélas! tout est abîme, — action, désir, rêve,
Parole! et sur mon poil qui tout droit se relève
Mainte fois de la Peur je sens passer le vent.

En haut, en bas, partout, la profondeur, la grève,
Le silence, l'espace affreux et captivant...
Sur le fond de mes nuits Dieu de son doigt savant
Dessine un cauchemar multiforme et sans trêve.

J'ai peur du sommeil comme on a peur d'un grand trou,
Tout plein de vague horreur, menant on ne sait où;
Je ne vois qu'infini par toutes les fenêtres,

Et mon esprit, toujours du vertige hanté,
Jalouse du néant l'insensibilité.
— Ah! ne jamais sortir des Nombres et des Êtres!

XII

LES PLAINTES D'UN ICARE

Les amants des prostituées
Sont heureux, dispos et repus;
Quant à moi, mes bras sont rompus
Pour avoir étreint des nuées.

C'est grâce aux astres nonpareils,
Qui tout au fond du ciel flamboient,
Que mes yeux consumés ne voient
Que des souvenirs de soleils.

En vain j'ai voulu de l'espace
Trouver la fin et le milieu;
Sous je ne sais quel œil de feu
Je sens mon aile qui se casse;

Et brûlé par l'amour du beau,
Je n'aurai pas l'honneur sublime
De donner mon nom à l'abîme
Qui me servira de tombeau.

XIII

RECUEILLEMENT

Sois sage, ô ma Douleur, et tiens-toi plus tranquille.
Tu réclamais le Soir; il descend; le voici :
Une atmosphère obscure enveloppe la ville,
Aux uns portant la paix, aux autres le souci.

Pendant que des mortels la multitude vile,
Sous le fouet du Plaisir, ce bourreau sans merci,
Va cueillir des remords dans la fête servile,
Ma Douleur, donne-moi la main; viens par ici,

Loin d'eux. Vois se pencher les défuntes Années,
Sur les balcons du ciel, en robes surannées;
Surgir du fond des eaux le Regret souriant;

Le Soleil moribond s'endormir sous une arche,
Et, comme un long linceul traînant à l'Orient,
Entends, ma chère, entends la douce Nuit qui marche.

XIV

LA LUNE OFFENSÉE

O Lune qu'adoraient discrètement nos pères,
Du haut des pays bleus où, radieux sérail,
Les astres vont te suivre en pimpant attirail,
Ma vieille Cynthia, lampe de nos repaires,

Vois-tu les amoureux sur leurs grabats prospères,
De leur bouche en dormant montrer le frais émail?
Le poëte buter du front sur son travail?
Ou sous les gazons secs s'accoupler les vipères?

Sous ton domino jaune, et d'un pied clandestin,
Vas-tu, comme jadis, du soir jusqu'au matin,
Baiser d'Endymion les grâces surannées?

« — Je vois ta mère, enfant de ce siècle appauvri,
Qui vers son miroir penche un lourd amas d'années,
Et plâtre artistement le sein qui t'a nourri! »

Reliquat
des Fleurs du Mal

I

BRIBES

ORGUEIL

Anges habillés d'or, de pourpre et d'hyacinthe.
Le génie et l'amour sont des Devoirs faciles.

———

J'ai pétri de la boue et j'en ai fait de l'or.

———

Il portait dans ses yeux la force de son cœur.
    Dans Paris son désert vivant sans feu ni lieu,
    Aussi fort qu'une bête, aussi libre qu'un Dieu.

———

LE GOINFRE

En ruminant, je ris des passants faméliques.

      Je crèverais comme un obus,
      Si je n'absorbais comme un chancre.

Son regard n'était pas nonchalant, ni timide,
Mais exhalait plutôt quelque chose d'avide,
Et, comme sa narine, exprimait les émois
Des artistes devant les œuvres de leurs doigts.

Ta jeunesse sera plus féconde en orages
Que cette canicule aux yeux pleins de lueurs
Qui sur nos fronts pâlis tord ses bras en sueurs,
Et soufflant dans la nuit ses haleines fiévreuses,
Rend de leurs frêles Corps les filles amoureuses.
　　　Et les fait au miroir, stérile volupté,
　　　Contempler les fruits mûrs de leur virginité.

Mais je vois à cet œil tout chargé de Tempêtes
Que ton Cœur n'est pas fait pour les paisibles fêtes,
Et que cette beauté, sombre comme le fer,
Est de celles que forge et que polit l'Enfer
Pour accomplir un jour d'effroyables luxures
Et contrister le cœur des humbles créatures.

Affaissant sous son poids un énorme oreiller,
Un beau corps était là, doux à voir sommeiller,
Et son sommeil orné d'un sourire superbe

. . . .
L'ornière de son dos par le désir hanté.

L'air était imprégné d'une amoureuse rage;
Les insectes volaient à la lampe et nul vent
Ne faisait tressaillir le rideau ni l'auvent.
C'était une nuit chaude, un vrai bain de jouvence.

———

Grand ange qui portez sur votre fier visage
La noirceur de l'Enfer d'où vous êtes monté;
Dompteur féroce et doux qui m'avez mis en cage
Pour servir de spectacle à votre cruauté,

Cauchemar de mes Nuits, Sirène sans corsage,
Qui me tirez, toujours debout à mon côté,
Par ma robe de saint ou ma barbe de sage
Pour m'offrir le poison d'un amour effronté;

. . . .

DAMNATION

Le banc inextricable et dur,
La passe au col étroit, le maëlstrom vorace,
Agitent moins de sable et de varech impur

Que nos cœurs où pourtant tant de ciel se reflète;
Ils sont une jetée à l'air noble et massif,
Où le phare reluit, bienfaisante vedette,
Mais que mine en dessous le taret corrosif;

On peut les comparer encore à cette auberge,
Espoir des affamés, où cognent sur le tard,
Blessés, brisés, jurants, priant qu'on les héberge,
L'écolier, le prélat, la gouge et le soudard.

Ils ne reviendront pas dans les chambres infectes;
Guerre, science, amour, rien ne veut plus de nous.
L'âtre était froid, les lits et le vin pleins d'insectes;
Ces visiteurs, il faut les servir à genoux!

SPLEEN

II

PROJETS DE PRÉFACE
pour Les Fleurs du Mal

i

PRÉFACE

La France traverse une phase de vulgarité. Paris, centre et rayonnement de bêtise universelle. Malgré Molière[1] et Béranger, on n'aurait jamais cru que la France irait si grand train dans la voie du *Progrès*. — Questions d'art, *terræ incognitæ*. Le grand homme est bête.

Mon livre a pu faire du bien. Je ne m'en afflige pas. Il a pu faire du mal. Je ne m'en réjouis pas.

Le but de la Poësie. Ce livre n'est pas fait pour mes femmes, mes filles ou mes sœurs.

On m'a attribué tous les crimes que je racontais. Divertissement de la haine et du mépris. Les élégiaques sont des canailles. *Et verbum Caro*[2] *factum est.* — Or le poëte n'est d'aucun parti. Autrement, il serait un simple mortel.

Le Diable. Le péché originel. Homme bon. Si vous vouliez, vous seriez le favori du Tyran; il est plus difficile d'aimer Dieu que de croire en lui. Au contraire, il est plus difficile pour les gens de ce siècle de croire au Diable que de l'aimer. Tout le monde le sert et personne n'y croit. Sublime subtilité du Diable.

Une âme de mon choix. Le Décor. Ainsi la nouveauté. L'Épigraphe. D'Aurevilly. La Renaissance. Gérard de Nerval. Nous sommes tous pendus ou pendables[3].

J'avais mis quelques ordures pour plaire à MM. les journalistes. Ils se sont montrés ingrats.

II

PRÉFACE DES FLEURS

Ce n'est pas pour mes femmes, mes filles ou mes sœurs que ce livre a été écrit; non plus que pour les femmes, les filles ou les sœurs de mon voisin. Je laisse cette fonction à ceux qui ont intérêt à confondre les bonnes actions avec le beau langage.

Je sais que l'amant passionné du beau style s'expose à la haine des multitudes. Mais aucun respect humain, aucune fausse pudeur, aucune coalition, aucun suffrage universel ne me contraindront à parler le patois incomparable de ce siècle, ni à confondre l'encre avec la vertu.

Des poëtes illustres s'étaient partagé depuis longtemps les provinces les plus fleuries du domaine poëtique. Il m'a paru plaisant, et d'autant plus agréable que la tâche était plus difficile, d'extraire la *beauté* du Mal. Ce livre, essentiellement inutile et absolument innocent, n'a pas été fait dans un autre but que de me divertir et d'exercer mon goût passionné de l'obstacle.

Quelques-uns m'ont dit que ces poësies pouvaient faire du mal; je ne m'en suis pas réjoui. D'autres, de bonnes âmes, qu'elles pouvaient faire du bien; et cela ne m'a pas affligé. La crainte des uns et l'espérance des autres m'ont également étonné, et n'ont servi qu'à me prouver une fois de plus que ce siècle avait désappris les notions classiques relatives à la littérature.

Malgré les secours que quelques cuistres célèbres ont apportés à la sottise naturelle de l'homme, je n'aurais jamais cru que notre patrie pût marcher avec une telle vélocité dans la voie du *progrès*. Ce monde a acquis une épaisseur de vulgarité qui donne au mépris de l'homme spirituel la violence d'une passion. Mais il est des carapaces heureuses que le poison lui-même n'entamerait pas.

J'avais primitivement l'intention de répondre à de nombreuses critiques et, en même temps, d'expliquer quelques questions très simples, totalement obscurcies par la lumière moderne : qu'est-ce que la Poësie? quel est son but? de la distinction du Bien d'avec le Beau; de la Beauté dans le Mal; que le rythme et la rime répondent dans l'homme aux immortels besoins de monotonie, de symétrie et de surprise; de l'adaptation du style au sujet; de la vanité et du danger de l'inspiration, etc., etc.; mais j'ai eu l'imprudence de lire ce matin quelques feuilles publiques; soudain, une indolence, du poids de vingt atmosphères, s'est abattue sur moi, et je me suis arrêté devant l'épouvantable inutilité d'expliquer quoi que ce soit à qui que ce soit. Ceux qui savent me devinent, et pour ceux qui ne peuvent ou ne veulent pas comprendre, j'amoncellerais sans fruit les explications.

C. B.

III

— Comment, par une série d'efforts déterminée, l'artiste peut s'élever à une originalité proportionnelle;

Comment la poësie touche à la musique par une prosodie dont les racines plongent plus avant dans l'âme humaine que ne l'indique aucune théorie classique;

Que la poësie française possède une prosodie mystérieuse et méconnue, comme les langues latine et anglaise;

Pourquoi tout poëte, qui ne sait pas au juste combien chaque mot comporte de rimes, est incapable d'exprimer une idée quelconque;

Que la phrase poëtique peut imiter (et par là elle

touche à l'art musical et à la science mathématique) la ligne horizontale, la ligne droite ascendante, la ligne droite descendante; qu'elle peut monter à pic vers le ciel, sans essoufflement, ou descendre perpendiculairement vers l'enfer avec la vélocité de toute pesanteur; qu'elle peut suivre la spirale, décrire la parabole, ou le zigzag figurant une série d'angles superposés;

Que la poësie se rattache aux arts de la peinture, de la cuisine et du cosmétique par la possibilité d'exprimer toute sensation de suavité ou d'amertume, de béatitude ou d'horreur par l'accouplement de tel substantif avec tel adjectif, analogue ou contraire;

Comment, appuyé sur mes principes et disposant de la science que je me charge de lui enseigner en vingt leçons, tout homme devient capable de composer une tragédie qui ne sera pas plus sifflée qu'une autre, ou d'aligner un poëme de la longueur nécessaire pour être aussi ennuyeux que tout poëme épique connu.

Tâche difficile que de s'élever vers cette insensibilité divine! Car moi-même, malgré les plus louables efforts, je n'ai su résister au désir de plaire à mes contemporains, comme l'attestent en quelques endroits, apposées comme un fard, certaines basses flatteries adressées à la démocratie, et même quelques ordures destinées à me faire pardonner la tristesse de mon sujet. Mais MM. les journalistes s'étant montrés ingrats envers les caresses de ce genre, j'en ai supprimé la trace, autant qu'il m'a été possible, dans cette nouvelle édition.

Je me propose, pour vérifier de nouveau l'excellence de ma méthode, de l'appliquer prochainement à la célébration des jouissances de la dévotion et des ivresses de la gloire militaire, bien que je ne les aie jamais connues.

Note sur les plagiats. — Thomas Gray. Edgar Poe (2 passages). Longfellow (2 passages). Stace. Virgile (tout le morceau d'*Andromaque*). Eschyle. Victor Hugo [1].

IV

PROJET DE PRÉFACE POUR
LES *FLEURS DU MAL*

(A fondre peut-être avec d'anciennes notes.)

S'il y a quelque gloire à n'être pas compris, ou à ne l'être que très peu, je peux dire sans vanterie que, par ce petit livre, je l'ai acquise et méritée d'un seul coup. Offert plusieurs fois de suite à divers éditeurs qui le repoussaient avec horreur, poursuivi et mutilé, en 1857, par suite d'un malentendu fort bizarre, lentement rajeuni, accru et fortifié pendant quelques années de silence, disparu de nouveau, grâce à mon insouciance, ce produit discordant de la *Muse des derniers jours*, encore avivé par quelques nouvelles touches violentes, ose affronter aujourd'hui, pour la troisième fois, le soleil de la sottise.

Ce n'est pas ma faute; c'est celle d'un éditeur insistant qui se croit assez fort pour braver le dégoût public. « Ce livre restera sur toute votre vie comme une tache » me prédisait, dès le commencement, un de mes amis qui est un grand poëte. En effet, toutes mes mésaventures lui ont, jusqu'à présent, donné raison. Mais j'ai un de ces heureux caractères qui tirent une jouissance de la haine, et qui se glorifient dans le mépris. Mon goût diaboliquement passionné de la bêtise me fait trouver des plaisirs particuliers dans les travestissements de la calomnie. Chaste comme le papier, sobre comme l'eau, porté à la dévotion comme une communiante, inoffensif comme une victime, il ne me déplairait pas de passer pour un débauché, un ivrogne, un impie et un assassin.

Mon éditeur prétend qu'il y aurait quelque utilité, pour moi comme pour lui, à expliquer pourquoi et comment j'ai fait ce livre, quels ont été mon but et mes moyens, mon dessein et ma méthode. Un tel travail de critique aurait sans doute quelque chance d'amuser les esprits amoureux de la rhétorique profonde. Pour ceux-là, peut-être l'écrirai-je plus tard et le ferai-je tirer à une dizaine d'exemplaires. Mais, à un meilleur examen, ne paraît-il pas évident que ce serait là une besogne tout à fait superflue, pour les uns comme pour les autres, puisque les uns savent ou devinent, et que les autres ne comprendront jamais? Pour insuffler au peuple l'intelligence d'un objet d'art, j'ai une trop grande peur du ridicule, et je craindrais, en cette matière, d'égaler ces utopistes qui veulent, par un décret, rendre tous les Français riches et vertueux d'un seul coup.

Et puis, ma meilleure raison, ma suprême, est que cela m'ennuie et me déplaît. Mène-t-on la foule dans les ateliers de l'habilleuse et du décorateur, dans la loge de la comédienne? Montre-t-on au public, affolé aujourd'hui, indifférent demain, le mécanisme des trucs? Lui explique-t-on les retouches et les variantes improvisées aux répétitions, et jusqu'à quelle dose l'instinct et la sincérité sont mêlés aux rubriques et au charlatanisme indispensable dans l'amalgame de l'œuvre? Lui révèle-t-on toutes les loques, les fards, les poulies, les chaînes, les repentirs, les épreuves barbouillées, bref toutes les horreurs qui composent le sanctuaire de l'art?

D'ailleurs, telle n'est pas aujourd'hui mon humeur. Je n'ai désir ni de démontrer, ni d'étonner, ni d'amuser, ni de persuader. J'ai mes nerfs, mes vapeurs. J'aspire à un repos absolu et à une nuit continue. Chantre des voluptés folles du vin et de l'opium, je n'ai soif que d'une liqueur inconnue sur la terre, et que la pharmaceutique céleste elle-même ne pourrait pas m'offrir; d'une liqueur qui ne contiendrait ni la vitalité [1], ni la mort, ni l'excitation, ni le néant. Ne rien savoir, ne rien enseigner, ne rien vouloir, ne rien sentir, dormir, et encore dormir, tel est aujourd'hui mon unique vœu. Vœu infâme et dégoûtant, mais sincère.

Toutefois, comme un goût supérieur nous apprend à ne pas craindre de nous contredire un peu nous-mêmes, j'ai rassemblé, à la fin de ce livre abominable, les témoignages de sympathie de quelques-uns des hommes que je prise le plus[1], pour qu'un lecteur impartial en puisse inférer que je ne suis pas absolument digne d'excommunication et qu'ayant su me faire aimer de quelques-uns, mon cœur, quoi qu'en ait dit je ne sais plus quel torchon imprimé, n'a peut-être pas « *l'épouvantable laideur de mon visage* ».

Enfin, par une générosité peu commune, dont MM. les critiques...

Comme l'ignorance va croissant...

Je dénonce moi-même les imitations...

III

[PROJET D'ÉPILOGUE

pour la seconde édition des Fleurs du Mal.]

Tranquille comme un sage et doux comme un maudit,
                              J'ai dit :
Je t'aime, ô ma très belle, ô ma charmante...
Que de fois...
Tes débauches sans soif et tes amours sans âme,
                              Ton goût de l'infini,
Qui partout, dans le mal lui-même, se proclame...

Tes bombes, tes poignards, tes victoires, tes fêtes,
Tes faubourgs mélancoliques,
Tes hôtels garnis,
Tes jardins pleins de soupirs et d'intrigues,
Tes temples vomissant la prière en musique,
Tes désespoirs d'enfant, tes jeux de vieille folle,
                              Tes découragements,

Et tes feux d'artifice, éruptions de joie,
Qui font rire le Ciel, muet et ténébreux.

Ton vice vénérable étalé dans la soie,
Et ta vertu risible, au regard malheureux,
Douce, s'extasiant au luxe qu'il déploie.

  Tes principes sauvés et tes lois conspuées,
Tes monuments hautains où s'accrochent les brumes,
Tes dômes de métal qu'enflamme le soleil,
  Tes reines de Théâtre aux voix enchanteresses,
Tes tocsins, tes canons, orchestre assourdissant,
Tes magiques pavés dressés en forteresses,
Tes petits orateurs, aux enflures baroques
Prêchant l'amour, et puis tes égouts pleins de sang,
S'engouffrant dans l'Enfer comme des Orénoques,
Tes sages, tes bouffons neufs aux vieilles défroques.
Anges revêtus d'or, de pourpre et d'hyacinthe,
O vous soyez témoins que j'ai fait mon devoir
Comme un parfait chimiste et comme une âme sainte.
  Car j'ai de chaque chose extrait la quintessence,
Tu m'as donné ta boue et j'en ai fait de l'or.

Dossier des Fleurs du Mal

[NOTES ET DOCUMENTS POUR MON AVOCAT]

Le livre doit être jugé *dans son ensemble*, et alors il en ressort une terrible moralité.

Donc je n'ai pas à me louer de cette singulière indulgence qui n'incrimine que 13 morceaux sur 100. Cette indulgence m'est très funeste.

C'est en pensant à ce *parfait ensemble* de mon livre, que je disais à M. le Juge d'instruction :

mon unique tort a été de compter sur l'intelligence universelle, et ne pas faire une préface où j'aurais posé mes principes littéraires et dégagé la question si importante de la Morale. (Voir, à propos de la Morale dans les œuvres d'art, les remarquables lettres de M. Honoré de Balzac à M. Hippolyte Castille, dans le journal *la Semaine* [1].)

Le volume est, relativement à l'abaissement général des prix en librairie, d'un prix élevé. C'est déjà une garantie importante. Je ne m'adresse donc pas à la foule.

Il y a prescription pour deux des morceaux incriminés : *Lesbos* et *le Reniement de saint Pierre*, parus depuis longtemps et non poursuivis.

Mais je prétends, au cas même où on me contraindrait

à me reconnaître quelques torts, qu'il y a une sorte de prescription générale. Je pourrais faire une bibliothèque de livres modernes non poursuivis, et *qui ne respirent pas, comme le mien,* l'HORREUR DU MAL. Depuis près de 30 ans, la littérature est d'une liberté qu'on veut brusquement punir en moi. Est-ce juste?

Il y a plusieurs morales. Il y a la morale positive et pratique à laquelle tout le monde doit obéir.

Mais il y a la morale des arts. Celle-ci est tout autre, et depuis le commencement du monde, les arts l'ont bien prouvé.

Il y a aussi plusieurs sortes de *Liberté.* Il y a la Liberté pour le Génie, et il y a une liberté très restreinte pour les polissons.

M. Charles Baudelaire n'aurait-il pas le droit d'arguer des licences permises à Béranger *(Œuvres complètes autorisées)*? Tel sujet reproché à Ch. Baudelaire a été traité par Béranger. Lequel préférez-vous, le poëte triste ou le poëte gai et effronté, l'horreur dans le mal ou la folâtrerie, le remords ou l'impudence?

(Il ne serait peut-être pas sain d'user outre mesure de cet argument.)

Je répète qu'un Livre doit être jugé dans son ensemble.

A un blasphème j'opposerai des élancements vers le Ciel, à une obscénité, des fleurs platoniques.

Depuis le commencement de la poësie, tous les volumes de poësie sont ainsi faits. Mais il était impossible de faire autrement un livre destiné à représenter L'AGITATION DE L'ESPRIT DANS LE MAL.

M. le Ministre de l'Intérieur, furieux d'avoir lu un éloge flatteur de mon livre dans *le Moniteur* [1], a pris ses précautions pour que cette mésaventure ne se reproduisît pas.

M. d'Aurevilly *(un écrivain absolument catholique, autoritaire, et non suspect)* portait au *Pays*, auquel il est attaché, un article sur *les Fleurs du Mal ;* et il lui a été dit qu'une consigne récente défendait de parler de M. Charles Baudelaire dans *le Pays*.

Or, il y a quelques jours, j'exprimais à M. le juge d'instruction la crainte que le bruit de la saisie ne glaçât la bonne volonté des personnes qui trouveraient quelque chose de louable dans mon livre. Et M. le Juge (Charles Camusat Busserolles) me répondit : *Monsieur, tout le monde a parfaitement* LE DROIT *de vous défendre dans* TOUS *les journaux, sans exception.*

MM. les directeurs de la *Revue française* n'ont pas osé publier l'article de M. Charles Asselineau, le plus sage et le plus modéré des écrivains. Ces messieurs se sont renseignés au *Ministère de l'intérieur* (!), et il leur a été répondu qu'il y aurait pour eux danger à publier cet article.

Ainsi, abus de pouvoir et entraves apportées à la défense !

Le nouveau règne napoléonien, après les illustrations de la guerre doit rechercher les illustrations des lettres et des arts.

Qu'est-ce que c'est que cette morale prude, bégueule, taquine, et qui ne tend à rien moins [*sic*] qu'à créer des conspirateurs même dans l'ordre si tranquille des rêveurs?

Cette morale-là irait jusqu'à dire : DÉSORMAIS ON NE FERA QUE DES LIVRES CONSOLANTS ET SERVANT A DÉMONTRER QUE L'HOMME EST NÉ BON, ET QUE TOUS LES HOMMES SONT HEUREUX, — abominable hypocrisie !

(Voir le résumé de mon interrogatoire, et la liste des morceaux incriminés.)

LE JUGEMENT

Gazette des Tribunaux, 21 août 1857 :

En ce qui touche le délit d'offense à la morale religieuse :

Attendu que la prévention n'est pas établie, renvoie les prévenus des fins des poursuites;

En ce qui touche la prévention d'offense à la morale publique et aux bonnes mœurs :

Attendu que l'erreur du poëte, dans le but qu'il voulait atteindre et dans la route qu'il a suivie, quelque effort de style qu'il ait pu faire, quel que soit le blâme qui précède ou qui suit ses peintures, ne saurait détruire l'effet funeste des tableaux qu'il présente au lecteur, et qui, dans les pièces incriminées, conduisent nécessairement à l'excitation des sens par un réalisme grossier et offensant pour la pudeur;

Attendu que Baudelaire, Poulet-Malassis et Debroise ont commis le délit d'outrage à la morale publique et aux bonnes mœurs, savoir : Baudelaire, en publiant; Poulet-Malassis en publiant, vendant et mettant en vente, à Paris et à Alençon, l'ouvrage intitulé : *les Fleurs du Mal,* lequel contient des passages ou expressions obscènes et immorales;

Que lesdits passages sont contenus dans les pièces portant les numéros 20, 30, 39, 80, 81 et 87 du recueil;

Vu l'article 8 de la loi du 17 mai 1819, l'article 26 de la loi du 26 mai 1819;

Vu également l'article 463 du Code pénal;

Condamne Baudelaire à 300 fr. d'amende,

Poulet-Malassis et Debroise chacun à 100 fr. d'amende;

Ordonne la suppression des pièces portant les nᵒˢ 20, 30, 39, 80, 81 et 87 du recueil *,

Et condamne les prévenus solidairement aux frais.

LETTRE DE BAUDELAIRE
A L'IMPÉRATRICE

6 novembre 1857.

MADAME,

Il faut toute la prodigieuse présomption d'un poëte pour oser occuper l'attention de Votre Majesté d'un cas aussi petit que le mien. J'ai eu le malheur d'être condamné pour un recueil de poésies intitulé : *Les Fleurs du Mal*, l'horrible franchise de mon titre ne m'ayant pas suffisamment protégé. J'avais cru faire une belle et grande œuvre, surtout une œuvre claire; elle a été jugée assez obscure pour que je sois condamné à refaire le livre et à retrancher quelques morceaux *(six sur cent)*. Je dois dire que j'ai été traité par la Justice avec une courtoisie admirable, et que les termes mêmes du jugement impliquent la reconnaissance de mes hautes et pures intentions. Mais l'amende, grossie de frais inintelligibles pour moi, dépasse les facultés de la pauvreté proverbiale des poëtes, et, encouragé par tant de preuves d'estime que j'ai reçues d'amis si haut placés, et en même temps persuadé que le cœur de l'Impératrice est ouvert à la pitié pour toutes les tribulations, les spirituelles comme les matérielles, j'ai conçu le projet, après une indécision et une timidité de dix jours,

---

* *Les Bijoux, Le Léthé, A celle qui est trop gaie, Lesbos, Femmes damnées (A la pâle clarté des lampes languissantes...), Les Métamorphoses du Vampire.*

de solliciter la toute gracieuse bonté de Votre Majesté et de la prier d'intervenir pour moi auprès de M. le Ministre de la Justice.

Daignez, Madame, agréer l'hommage des sentiments de profond respect avec lesquels j'ai l'honneur d'être

De Votre Majesté,
le très dévoué et très obéissant
serviteur et sujet,

Charles Baudelaire

19, quai Voltaire.

Poésies de jeunesse

I

INCOMPATIBILITÉ

Tout là-haut, tout là-haut, loin de la route sûre,
Des fermes, des vallons, par delà les coteaux,
Par delà les forêts, les tapis de verdure,
Loin des derniers gazons foulés par les troupeaux,

On rencontre un lac sombre encaissé dans l'abîme
Que forment quelques pics désolés et neigeux;
L'eau, nuit et jour, y dort dans un repos sublime,
Et n'interrompt jamais son silence orageux.

Dans ce morne désert, à l'oreille incertaine
Arrivent par moments des bruits faibles et longs,
Et des échos plus morts que la cloche lointaine
D'une vache qui paît aux penchants des vallons.

Sur ces monts où le vent efface tout vestige,
Ces glaciers pailletés qu'allume le soleil,
Sur ces rochers altiers où guette le vertige,
Dans ce lac où le soir mire son teint vermeil,

Sous mes pieds, sur ma tête et partout le silence,
Le silence qui fait qu'on voudrait se sauver,
Le silence éternel et la montagne immense,
Car l'air est immobile et tout semble rêver.

On dirait que le ciel, en cette solitude,
Se contemple dans l'onde, et que ces monts, là-bas
Écoutent, recueillis, dans leur grave attitude,
Un mystère divin que l'homme n'entend pas.

Et lorsque par hasard une nuée errante
Assombrit dans son vol le lac silencieux,
On croirait voir la robe ou l'ombre transparente
D'un esprit qui voyage et passe dans les cieux.

II

Je n'ai pas pour maîtresse une lionne illustre;
La gueuse de mon âme emprunte tout son lustre.
Invisible aux regards de l'univers moqueur,
Sa beauté ne fleurit que dans mon triste cœur.

Pour avoir des souliers elle a vendu son âme;
Mais le bon Dieu rirait si près de cette infâme
Je tranchais du Tartufe, et singeais la hauteur,
Moi qui vends ma pensée, et qui veux être auteur.

Vice beaucoup plus grave, elle porte perruque.
Tous ses beaux cheveux noirs ont fui sa blanche nuque;
Ce qui n'empêche pas les baisers amoureux
De pleuvoir sur son front plus pelé qu'un lépreux.

Elle louche, et l'effet de ce regard étrange,
Qu'ombragent des cils noirs plus longs que ceux d'un
                                                [ange,
Est·tel que tous les yeux pour qui l'on s'est damné
Ne valent pas pour moi son œil juif et cerné.

Elle n'a que vingt ans; sa gorge — déjà basse
Pend de chaque côté comme une calebasse,
Et pourtant me traînant chaque nuit sur son corps,
Ainsi qu'un nouveau né, je la tète et la mords —

Et bien qu'elle n'ait pas souvent même une obole
Pour se frotter la chair et pour s'oindre l'épaule —
Je la lèche en silence avec plus de ferveur,
Que Madeleine en feu les deux pieds du Sauveur.

La pauvre créature au plaisir essoufflée
A de rauques hoquets la poitrine gonflée,
Et je devine au bruit de son souffle brutal
Qu'elle a souvent mordu le pain de l'Hôpital.

Ses grands yeux inquiets durant la nuit cruelle
Croient voir deux autres yeux au fond de la ruelle —
Car ayant trop ouvert son cœur à tous venants,
Elle a peur sans lumière et croit aux revenants

Ce qui fait que de suif elle use plus de livres
Qu'un vieux savant couché jour et nuit sur ses livres
Et redoute bien moins la faim et ses tourments
Que l'apparition de ses défunts amants.

Si vous la rencontrez, bizarrement parée,
Se faufilant au coin d'une rue égarée,
Et la tête et l'œil bas — comme un pigeon blessé —
Traînant dans les ruisseaux un talon déchaussé,

Messieurs, ne crachez pas de jurons ni d'ordure,
Au visage fardé de cette pauvre impure
Que déesse Famine a par un soir d'hiver
Contrainte à relever ses jupons en plein air.

Cette bohême-là, c'est mon tout, ma richesse,
Ma perle, mon bijou, ma reine, ma duchesse,
Celle qui m'a bercé sur son giron vainqueur,
Et qui dans ses deux mains a réchauffé mon cœur.

III

[À SAINTE-BEUVE]

Tous imberbes alors, sur les vieux bancs de chêne,
Plus polis et luisants que des anneaux de chaîne,
Que jour à jour la peau des hommes a fourbis
— Nous traînions tristement nos ennuis, accroupis
Et voûtés sous le ciel carré des solitudes,
Où l'Enfant boit dix ans l'âpre lait des études.
— C'était dans ce vieux temps mémorable et marquant,
Où forcés d'élargir le classique carcan,
Les professeurs encor rebelles à vos rimes,
Succombaient sous l'effort de nos folles escrimes,
Et laissaient l'écolier, triomphant et mutin,
Faire à l'aise hurler Triboulet en latin —
— Qui de nous — en ces temps d'adolescences pâles,
N'a connu la torpeur des fatigues claustrales,
— L'œil perdu dans l'azur morne d'un ciel d'été,
Ou l'éblouissement de la neige — guetté,
L'oreille avide et droite, — et bu, comme une meute,
L'écho lointain d'un livre, ou le cri d'une émeute?

C'était surtout l'été, quand les plombs se fondaient,
Que ces grands murs noircis en tristesse abondaient,
Lorsque la Canicule ou le fumeux Automne
Irradiait les cieux de son feu monotone,
Et faisait sommeiller dans les sveltes donjons —
Les tiercelets criards, effroi des blancs pigeons;

Saison de Rêverie, où la Muse s'accroche
Pendant un jour entier au battant d'une cloche;
Où la Mélancolie, à midi, quand tout dort,
Le menton dans la main, au fond du corridor, —
L'œil plus noir et plus bleu que la Religieuse [1]
Dont chacun sait l'histoire obscène et douloureuse,
— Traîne un pied alourdi de précoces ennuis,
Et son front moite encor des longueurs [2] de ses nuits.

— Et puis venaient les soirs malsains, les nuits fiévreuses,
Qui rendent de leur corps les filles amoureuses,
Et les font aux miroirs — stérile volupté —
Contempler les fruits mûrs de leur nubilité —
Les soirs italiens, de molle insouciance,
— Qui des plaisirs menteurs révèlent la science,
— Quand la sombre Vénus, du haut des balcons noirs,
Verse des flots de musc de ses frais encensoirs —

. . . .
Ce fut dans ce conflit de molles circonstances,
Mûri par vos sonnets, préparé par vos stances,
Qu'un soir, ayant flairé le livre et son esprit,
J'emportai sur mon cœur l'histoire d'Amaury [3].
Tout abîme mystique est à deux pas du Doute —
— Le breuvage infiltré, lentement, goutte à goutte,
En moi qui dès quinze ans vers le gouffre entraîné,
Déchiffrais couramment les soupirs de René,
Et que de l'inconnu la soif Bizarre altère.
— A travaillé le fond de la plus mince artère.
J'en ai tout absorbé, les miasmes, les parfums,
Le doux chuchotement des souvenirs défunts,
Les longs enlacements des phrases symboliques,
— Chapelets murmurants de madrigaux mystiques;
— Livre voluptueux, si jamais il en fut —
Et depuis, soit au fond d'un asile touffu,
Soit que sous les soleils des zones différentes,
L'éternel bercement des houles enivrantes,

Et l'aspect renaissant des horizons sans fin,
Ramenassent ce cœur vers le songe divin, —
Soit dans les lourds loisirs d'un jour caniculaire,
Ou dans l'oisiveté frileuse de frimaire —
Sous les flots du tabac qui masque le plafond,
— J'ai partout feuilleté le mystère profond
De ce livre si cher aux âmes engourdies
Que leur destin marqua des mêmes maladies,
Et devant le miroir j'ai perfectionné
L'art cruel qu'un Démon en naissant m'a donné.
— De la douleur pour faire une volupté vraie, —
D'ensanglanter son mal et de gratter sa plaie.

Poëte, est-ce une injure ou bien un compliment?
Car je suis vis-à-vis de vous comme un amant
En face du fantôme, au geste plein d'amorces,
Dont la main et dont l'œil ont pour pomper les forces
Des charmes inconnus; — tous les êtres aimés
Sont des vases de fiel qu'on boit les yeux fermés,
Et le cœur transpercé que la douleur allèche
Expire chaque jour en bénissant sa flèche.

IV

Noble femme au bras fort, qui durant les longs jours
Sans penser bien ni mal dors ou rêves toujours
      Fièrement troussée à l'antique,
Toi que depuis dix ans qui pour moi se font lents
Ma bouche bien apprise aux baisers succulents
      Choya d'un amour monastique —

Prêtresse de débauche et ma sœur de plaisir
Qui toujours dédaignas de porter et nourrir
        Un homme en tes cavités saintes,
Tant tu crains et tu fuis le stigmate alarmant
Que la vertu creusa de son soc infamant
        Au flanc des matrones enceintes —

V

SUR L'ALBUM

DE MADAME ÉMILE CHEVALET

Au mileu de la foule, errantes, confondues,
Gardant le souvenir précieux d'autrefois,
Elles cherchent l'écho de leurs voix éperdues,
Tristes, comme le soir, deux colombes perdues
        Et qui s'appellent dans les bois.

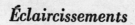

Éclaircissements

VIE DE BAUDELAIRE

1821. *9 avril.* Naissance (13, rue Hautefeuille, à Paris)
de Charles Baudelaire (baptisé le 7 juin suivant à Saint-
Sulpice), fils de Joseph-François Baudelaire, né en 1759,
et de Caroline Archenbaut-Defayis (Dufaÿs), née en 1793,
morte en 1871. De son premier mariage avec Mlle Janin,
Joseph-François Baudelaire avait eu un fils (dont Charles
sera le demi-frère), Claude-Alphonse, né en janvier 1805,
mort en avril 1862 à Fontainebleau où il avait fait
carrière dans la magistrature.

1827. *10 février.* Mort de J.-F. Baudelaire.

1828. *8 novembre.* Mme Veuve Baudelaire épouse le chef
de bataillon Aupick, né en 1789, et qui est déjà chevalier
de Saint-Louis et officier de la Légion d'honneur. Sa
carrière future ne démentira pas ces brillantes prémices :
après avoir été ambassadeur à Constantinople, puis à
Madrid, Aupick mourra (1857) sénateur de l'Empire.

1832. Envoyé à Lyon en garnison, le colonel Aupick fait
admettre son beau-fils à la pension Delorme.

1833. *Octobre.* Baudelaire entre comme interne en cinquième
au Collège royal de Lyon.

1836. Aupick est appelé à l'État-Major de la place de Paris;
le 1er mars, Charles entre au Collège Louis-le-Grand.

1837. Au concours général, Baudelaire, qui termine sa
seconde, obtient un deuxième prix de vers latins.

1838. *Été.* Voyage dans les Pyrénées avec Aupick. Baude-
laire en rapporte les strophes déjà caractéristiques d'*Incom-
patibilité*.

1839. *18 avril.* Renvoi du Collège Louis-le-Grand, pour une vétille.

Août. Le 12, Baudelaire est reçu bachelier.

1840. « Vie libre » de Baudelaire à Paris. Il rencontre Ourliac, Gérard de Nerval, Balzac et il fait la connaissance de Gustave Le Vavasseur, poète normand, et d'Ernest Prarond, poète picard. — Liaison de Baudelaire avec Sara, dite Louchette, petite prostituée du Quartier latin.

1841. *Juin/1842, mi-février.* Voyage maritime de Baudelaire, organisé par Aupick pour arracher son beau-fils à la vie dissipée qu'il mène. Séjour à l'île Maurice et à La Réunion. Retour par le Cap. (Baudelaire n'est pas allé jusqu'à Calcutta, où il prétendra avoir relâché.)

1842. *9 avril.* Baudelaire, majeur, va être mis en possession de la fortune qui lui vient de son père (75 000 francs de l'époque).

Juin. Baudelaire loge quai de Béthune dans l'île Saint-Louis. C'est alors qu'il se lie avec Jeanne Duval et fait la connaissance de Banville.

1843. *Février.* Projet d'une collaboration à un recueil de vers avec Le Vavasseur, Prarond et Dozon. Baudelaire renoncera finalement à ce projet. Mais il commencera avec Prarond un drame en vers, *Idéolus.*

Mai. Baudelaire s'installe à l'hôtel Pimodan, quai d'Anjou. Il contracte ses premières dettes importantes, origine de ses futures difficultés financières.

1844. *2 mars.* Publication des *Mystères galans des théâtres de Paris* auxquels il a collaboré anonymement.

20 septembre. Baudelaire, à la demande du conseil de famille, se voit pourvu, en la personne de Maître Ancelle, notaire à Neuilly, d'un conseil judiciaire.

1845. *30 juin.* Tentative de suicide.

1845/1846. Publication de deux *Salons* et collaboration au *Corsaire-Satan*, ainsi qu'à quelques autres revues. Au second plat de la couverture du *Salon de 1846* sont annoncés pour paraître prochainement : « *Les Lesbiennes*, poésies par Baudelaire-Dufaÿs, *le Catéchisme de la Femme aimée*, par le même ».

1847. *Janvier. La Fanfarlo* dans le *Bulletin de la Société des Gens de lettres.* — Découverte d'Edgar Poe.

18 août. Au théâtre de la Porte-Saint-Martin, Marie Daubrun débute dans le premier rôle de *la Belle aux che-*

veux d'or. Une liaison de Baudelaire avec Marie peut être datée (selon Albert Feuillerat) de cette année-là.

1848. Baudelaire prend part aux journées de Février et rédige avec deux amis les deux numéros d'une feuille socialiste : *Le Salut public*. En avril-mai, il est secrétaire de la rédaction d'un journal républicain modéré. En octobre, il est appelé à Châteauroux comme rédacteur en chef du *Représentant de l'Indre*, journal conservateur : aventure sans lendemain.

1850. *Juin. L'Ame du Vin (le Vin des Honnêtes Gens)* et *Châtiment de l'Orgueil* paraissent dans *le Magasin des Familles*, où ils sont annoncés comme devant faire partie d'un volume intitulé *les Limbes*.

1851/1852. Collaboration à diverses revues. Découverte de Joseph de Maistre.

1852. *9 décembre*. Baudelaire envoie à Mme Sabatier, sous l'anonymat, le premier des poèmes écrits pour elle. Les envois se succéderont jusqu'en février 1854. En août 1857, la déesse se révèle femme.

1854. *Juillet/1855, avril*. Traduction en feuilleton dans *le Pays* des *Histoires* et des *Nouvelles Histoires extraordinaires* de Poe, qui paraîtront en volume en mars 1856 et mars 1857. En 1855, articles sur l'Exposition Universelle et sur l'*Essence du Rire*.

1855. *1er juin*. La *Revue des Deux Mondes* insère 18 poèmes, sous le titre, pour la première fois imprimé, *les Fleurs du Mal*.

1856. *30 décembre*. Contrat entre Baudelaire et la maison d'édition alençonnaise Poulet-Malassis et De Broise à laquelle le poète vend *les Fleurs du Mal*. Auguste Poulet-Malassis, chartiste, grand bibliophile, homme de goût et éditeur audacieux, fut l'un des plus fidèles amis de Baudelaire.

1857. *4 février*. Remise du manuscrit des *Fleurs du Mal* au correspondant parisien de Poulet-Malassis.
27 avril. Mort d'Aupick.
25 juin. Mise en vente des *Fleurs du Mal*.
5 juillet. Article de Gustave Bourdin dans le *Figaro*. Ce furent, dit-on, ces lignes aussi sottes que méchantes qui déchaînèrent les poursuites judiciaires.
14 juillet. Article très élogieux d'Édouard Thierry dans *le Moniteur*. — Baudelaire le recueille dans une plaquette : *Articles justificatifs*.

20 août. Procès des *Fleurs du Mal* devant la 6e chambre correctionnelle. Réquisitoire d'Ernest Pinard (qui avait déjà requis la même année contre *Madame Bovary*). Condamnation de l'auteur et des éditeurs à des amendes et à la suppression de six poèmes.

1859. *Juin* et *juillet.* La *Revue française* publie le *Salon de 1859.*

1860. *1er janvier.* Nouveau contrat signé avec Poulet-Malassis pour la seconde édition des *Fleurs du Mal,* les *Paradis artificiels,* les *Opinions littéraires* (le futur *Art romantique*) et *Curiosités esthétiques.*
Mai. Publication des *Paradis artificiels* par Poulet-Malassis.

1861. *Février.* Publication de la deuxième édition des *Fleurs du Mal.*
1er avril. Richard Wagner dans la *Revue européenne.* Augmentée d'une postface, cette étude sera publiée en mai sous la forme d'une brochure.
Décembre. Baudelaire pose sa candidature à l'Académie française. Il la retirera au mois de février suivant.

1862. *23 janvier.* Le poète subit un « singulier avertissement » qu'il consigne dans ses journaux intimes et sent passer sur lui « le vent de l'aile de l'imbécillité ».
Août. Publication de sept notices de Baudelaire (sur Hugo, Marceline Desbordes-Valmore, Gautier, etc.), dans le tome IV des *Poëtes français,* anthologie dirigée par Eugène Crépet. Dans ce même volume, notice de Gautier sur Baudelaire.
6 septembre. Article enthousiaste sur *les Fleurs du Mal* dans *The Spectator,* par Algernon Charles Swinburne, qui se rangeait l'un des premiers parmi les disciples de Baudelaire.
Septembre. Quelques *Petits Poëmes en prose* dans *la Presse.*

1863. *13 janvier.* Baudelaire cède à l'éditeur Hetzel (qu'il retrouvera en Belgique) le droit de publication des *Fleurs du Mal* et des *Petits Poëmes en prose* (*Le Spleen de Paris*), mais celui des *Fleurs* appartient encore à Malassis...

1864. *Avril.* Baudelaire part pour Bruxelles où il doit faire des conférences et où il compte vendre à un éditeur ses œuvres complètes. Sa déception, son amertume se donneront libre cours dans un pamphlet d'une rare violence : *Pauvre Belgique.*

1865. *1ᵉʳ février*. Mallarmé publie dans *l'Artiste* sa *Symphonie littéraire* dont la deuxième partie est consacrée à la gloire de Baudelaire.

Novembre et *décembre*. Articles enthousiastes de Verlaine sur Baudelaire, dans *l'Art*.

1866. *Février*. Publication des *Épaves*, qui recueillent notamment les pièces condamnées et des vers de circonstance. *Mi-mars*. Chute de Baudelaire sur les dalles de l'église Saint-Loup à Namur : troubles cérébraux; hémiplégie. Baudelaire sera soigné quelque temps à Bruxelles. En juillet, sa mère le ramène à Paris, où il est hospitalisé à la maison de santé du Dʳ Duval, près de l'Étoile.

1867. *31 août*. Mort de Charles Baudelaire, après une longue agonie. Service religieux à Saint-Honoré-d'Eylau le 2 septembre. Inhumation au cimetière Montparnasse, où Banville et Asselineau prononcent des discours.

1868. *Décembre*. La maison Lévy, qui avait acquis pour 1 750 francs le droit à la publication des œuvres de Baudelaire, met en vente *Curiosités esthétiques* et la troisième édition des *Fleurs du Mal*, précédée d'une préface de Gautier. L'année suivante paraîtront *l'Art romantique* et les *Petits Poëmes en prose*, auxquels succéderont, jusqu'en mai 1870, trois volumes reprenant la matière des cinq traductions de Poe.

NOTICE

1. *Les Fleurs du Mal, Revue des Deux Mondes*, 1er juin 1855. Dix-huit poèmes précédés de l'épigraphe suivante empruntée aux *Tragiques*, livre II :

> On dit qu'il faut couler les exécrables choses
> Dans le puits de l'oubli et au sépulchre encloses,
> Et que par les escrits le mal ressuscité
> Infectera les mœurs de la postérité;
> Mais le vice n'a point pour mère la science,
> Et la vertu n'est pas fille de l'ignorance.

> (THÉODORE AGRIPPA D'AUBIGNÉ.)

La rédaction de la *Revue* avait fait précéder les poèmes de Baudelaire d'une note prudente due, croit-on, à Émile Montégut :

En publiant les vers qu'on va lire, nous croyons montrer une fois de plus combien l'esprit qui nous anime est favorable aux essais, aux tentatives dans les sens les plus divers. Ce qui nous paraît ici mériter l'intérêt, c'est l'expression vive et curieuse, même dans sa violence, de quelques défaillances, de quelques douleurs morales que, sans les partager, ni les discuter, on doit tenir à connaître, comme un des signes de notre temps. Il nous semble d'ailleurs qu'il est des cas où la publicité n'est pas seulement un encouragement, où elle peut avoir l'influence d'un conseil utile, et appeler le vrai talent à se dégager, à se fortifier, en élargissant ses voies, en étendant son horizon.

2. Édition originale de 1857 : *Les Fleurs du Mal*, Paris, Poulet-Malassis et De Broise. La couverture et la page

de titre montrent l'épigraphe déjà citée. Le livre fut mis
en vente le 25 juin 1857. Il comprenait 100 poèmes,
dont 52 étaient encore inédits, répartis en cinq divisions :
Spleen et Idéal, Fleurs du Mal, Révolte, Le Vin, La Mort.
Baudelaire fut condamné par la 6ᵉ Chambre correc-
tionnelle à retrancher 6 pièces de son recueil *. La néces-
sité d'en écrire de nouvelles pour combler les vides ainsi
creusés dans l'architecture des *Fleurs*, comme la vente
rapide de l'édition (tirée à 1 300 exemplaires), — malgré
ou plutôt à cause de la condamnation, — amenèrent
Baudelaire à penser à une réédition.

3. Deuxième édition originale des *Fleurs du Mal*, Paris,
   Poulet-Malassis et de Broise, 1861. Le volume de 1857
   n'avait point tari la veine du poète : les 6 pièces qu'il
   convenait de remplacer se multiplièrent, et dans la pre-
   mière semaine de février 1861, la deuxième édition des
   Fleurs du Mal, dont il y eut 1 500 exemplaires, appor-
   tait 35 poèmes nouveaux, à en croire le titre et si l'on
   compte *Un Fantôme* pour 4 sonnets; parue, elle aussi,
   chez Poulet-Malassis et De Broise à Paris, elle était
   « ornée d'un portrait de l'auteur dessiné et gravé par
   Bracquemond ». En vérité, elle n'apportait qu'une seule
   pièce qui fût réellement inédite *(La Fin de la Journée)*.
   Baudelaire ayant fait argent du reste qu'il avait publié
   dans la *Revue contemporaine*, la *Revue fantaisiste*,
   l'Artiste, etc., de 1857 aux premiers jours de 1861. Cette
   édition montrait une nouvelle division *(Tableaux pari-
   siens)*, ce qui portait leur nombre à 6.
   Elle aurait dû paraître avec une préface, dans laquelle
   Baudelaire aurait expliqué ses « trucs » et ses « plagiats ».
   Il aurait aussi voulu s'y venger d'un affront de Louis
   Veuillot qui, le 14 mai 1858, dans *le Réveil*, avait, après
   de courtoises relations, et plus maladroitement que mali-
   gnement, rappelé que le poète avait eu maille à partir
   avec la justice.
   Abandonnée, reprise plus tard en vue de la troisième édi-
   tion, et de nouveau délaissée, cette préface ne nous est
   parvenue qu'à l'état de quatre projets que l'on trouvera
   dans le *Reliquat* des *Fleurs du Mal*. Nous avons égale-
   ment recueilli dans cette section, inachevé comme la
   préface, un *Épilogue* en vers, sous la forme d'une invo-
   cation à la ville de Paris.

* On trouvera le jugement dans la section : *Dossier des*
Fleurs du Mal, p. 242.

4. *Les Épaves*, publié à Bruxelles en février 1866 par Poulet-Malassis. Les pièces condamnées, ayant déjà paru en 1864, à Bruxelles, dans le *Parnasse satyrique du dix-neuvième siècle*, constituent l'une des sections des *Épaves*.

Le recueil, tiré à 260 exemplaires, était précédé d'un frontispice symbolique de Rops, expliqué par le texte que voici, rédigé par Poulet-Malassis d'après des notes de l'artiste :

Sous le Pommier fatal, dont le tronc-squelette rappelle la déchéance de la race humaine, s'épanouissent les Sept Péchés capitaux, figurés par des plantes aux formes et aux attitudes symboliques. Le Serpent, enroulé au bassin du squelette, rampe vers ces *Fleurs du Mal*, parmi lesquelles se vautre le Pégase macabre, qui ne doit se réveiller, avec ses chevaucheurs, que dans la vallée de Josaphat.

Cependant une Chimère noire enlève au delà des airs le médaillon du poëte, autour duquel des Anges et des Chérubins font retentir le *Gloria in excelsis!*

L'Autruche en camée, qui avale un fer à cheval, au premier plan de la composition, est l'emblème de la Vertu, se faisant un devoir de se nourrir des aliments les plus révoltants :

VIRTUS DURISSIMA COQUIT.

Les notes de l'édition avaient été rédigées de concert par Baudelaire et Poulet-Malassis, ainsi qu'il appert de l'exemplaire d'épreuves, où se lisent, de la main de Baudelaire, des recommandations comme : « Surtout que cela ait l'air d'être fait sans mon aveu... Considérons si cela peut *me nuire* en Belgique, il ne s'agit pas de l'opinion mais de la loi... J'ajouterai quelques notes que l'éditeur aura l'obligeance d'endosser ».

5. *Nouvelles Fleurs du Mal*, paru dans *le Parnasse contemporain*, le 31 mars 1866. Cette publication comprend les pièces : *Épigraphe pour un Livre condamné. — L'Examen de Minuit. — Madrigal triste. — A une Malabaraise. — L'Avertisseur. — Hymne. — La Voix. — Le Rebelle. — Le Jet d'Eau. — Les Yeux de Berthe. — La Rançon. — Bien loin d'ici. — Recueillement. — Le Gouffre. — Les Plaintes d'un Icare.*

6. Troisième édition originale des *Fleurs du Mal*, Paris, Michel Lévy, 1868.

Dès 1863, Baudelaire avait passé un contrat avec Hetzel pour la publication d'une troisième édition augmentée des *Fleurs du Mal*. L'espoir de la voir paraître bercera

les derniers moments lucides du poète. Mais elle ne se
fera pas de son vivant, et c'est seulement en 1868, par
les soins de Banville, que fut publiée l'édition dite défini-
tive ; premier tome des *Œuvres complètes de Charles Baude-
laire*, précédée d'un portrait gravé par A. Nargeot et
d'une Notice de Gautier, elle comprenait 151 poèmes,
répartis en six sections, comme dans la deuxième édition
qu'elle recueillait tout entière. Douze pièces étaient
reprises des *Épaves* ; quelques-unes n'étaient connues à
cette date qu'à l'état de pré-originales dans les revues ;
une seule était inédite : le sonnet *A Théodore de Banville*.
Un Appendice groupait les *Articles justificatifs* que Bau-
delaire avait fait paraître en 1857 pour informer ses
juges, et des lettres de Sainte-Beuve, Custine et Émile
Deschamps.

II. ÉTABLISSEMENT DU TEXTE

Cette édition répondait-elle aux intentions de Baude-
laire ? Redoutable question qui a fait couler beaucoup
d'encre et à laquelle on ne peut encore répondre avec certi-
tude. Jacques Crépet s'était d'abord prononcé pour l'affir-
mative, qui, dans le tome de la collection Conard consacré
aux *Fleurs* (1922), avait choisi de suivre l'ordre adopté
en 1868, en le modifiant légèrement. Il faisait valoir que
Baudelaire avait mentionné à plusieurs reprises dans sa
correspondance un exemplaire avec pièces intercalaires
destiné à la troisième édition, — que celle-ci améliorait
sensiblement, en plusieurs points, le texte de 1861, — et
donc que Banville avait dû utiliser l'exemplaire personnel
de Baudelaire.
Mais, rééditant *les Fleurs du Mal*, avec M. Georges Blin,
chez José Corti (1942), il s'en tenait alors au texte de 1861,
parce que l'on pouvait opposer à l'édition dite définitive
des arguments très forts : si, en 1868, le texte avait été
amélioré, il avait aussi été corrompu ; davantage, à examiner
la place que recevaient les pièces qui ne figuraient pas dans
la deuxième édition, on remarquait que l'économie générale
du recueil était fortement modifiée, sinon rendue mécon-
naissable. Et que penser de la présence au milieu de ces *Fleurs*
immortelles d'un *Calumet de paix*, traduit pour gagner quel-
ques liards ?
Si l'exemplaire avec pièces intercalaires a réellement
existé, si Asselineau et Banville en ont eu vraiment connais-

sance, il faut penser que Baudelaire y avait porté ses corrections et glissé ses additions, mais sans avoir encore déterminé la place précise de ces dernières ou s'être même prononcé sur leur introduction dans les *Fleurs*. En voulant se substituer à lui pour ce classement, les responsables de l'édition posthume auraient profité des améliorations du texte (tout en y introduisant quelques fautes ou coquilles nouvelles), mais auraient gonflé indûment le recueil de morceaux qui n'y devaient pas figurer, et placé les autres, parfois judicieusement, le plus souvent sans discernement.

Dans ces conditions et jusqu'à plus ample informé, il convient de reproduire le texte de 1861, le dernier en date que Baudelaire ait avoué et corrigé. C'est donc celui que nous avons suivi.

On ne trouvera point d'appels de note dans le texte. Dans les notes, les pièces ont été divisées en strophes, chaque fois que cela était possible, et même dans le cas des sonnets ; les strophes sont affectées de chiffres romains et la numérotation se fait de nouveau, à l'intérieur de chaque strophe, en chiffres arabes pour les vers. Ainsi, le dernier vers d'un sonnet, s'il présente une variante, est annoncé comme suit dans les notes : Str. IV, v. 3 (= Strophe IV, vers 3). Le lecteur voudra bien se rappeler que nous écrivons indistinctement :

> 1re édition ou 1857.
> 2e édition ou 1861.
> 3e édition ou 1868.

Notre attention porte seulement sur les variantes les plus significatives et les notes se bornent à élucider les allusions difficilement compréhensibles pour un lecteur de notre temps.

NOTES

LES FLEURS DU MAL

Page 29.   DÉDICACE

Voici la première forme qu'avait revêtue la dédicace et
qui fut refusée par Théophile Gautier, parce qu'elle attirait
trop les yeux « sur le côté scabreux du volume » :

« A MON TRÈS-CHER ET TRÈS-VÉNÉRÉ

MAITRE ET AMI

THÉOPHILE GAUTIER

» Bien que je te prie de servir de parrain aux *Fleurs du Mal*,
ne crois pas que je sois assez perdu, assez indigne du nom
de poëte pour m'imaginer que ces fleurs maladives méritent
ton noble patronage. Je sais que dans les régions éthérées
de la véritable Poësie, le Mal n'est pas, non plus que le Bien,
et que ce misérable dictionnaire de mélancolie et de crime
peut légitimer les réactions de la morale, comme le blasphê-
mateur [*sic*] confirme la Religion. Mais j'ai voulu, autant
qu'il était en moi, en espérant mieux peut-être, rendre un
hommage profond à l'auteur d'*Albertus*, de *La Comédie de
la Mort* et d'*España*, au poëte impeccable, au magicien
ès-langue-française, dont je me déclare, avec autant d'orgueil
que d'humilité, le plus dévoué, le plus respectueux et le plus
jaloux des disciples.

« CHARLES BAUDELAIRE. »

Page 31.   AU LECTEUR

1ᵉʳ juin 1855, *Revue des Deux Mondes* (sauf la 5ᵉ strophe remplacée par une ligne de points).
Titre 1868 : *Préface.*
Str. VI. 1855 :
Dans nos cerveaux malsains, comme un million d'helminthes,
Grouille, chante et ripaille un peuple de *d*émons,
Et quand nous respirons, la *m*ort dans nos poumons
S'engouffre, comme un fleuve, avec de sourdes plaintes.

SPLEEN ET IDÉAL

Page 33.   I. BÉNÉDICTION
Str. X, v. 2. 1857 :
          Puisqu'il me trouve belle *et qu'il veut* m'adorer,
Str. X, v. 4, et str. XI, v. 1. 1857 :
          Que souvent il fallait repeindre et redorer;
          Et je *veux* me *soûler* de nard, ...
Str. XVIII, v. 3. Épreuve de 1857 : *Sertis par votre main,* ...
— 1857 : *Montés par votre main,* ...

Page 36.   II. L'ALBATROS

Février 1859, Placard pré-original, avec addition manus-crite de la troisième strophe (*The Romanic Review*, octobre 1938).
Ce poème dut être composé sous une première forme au retour de voyage. En 1859, Baudelaire le reprit et ajouta la troisième strophe.
Str. I, v. 3. Placard : Qui suivent, *curieux* compagnons...

Page 38.   IV. CORRESPONDANCES

On consultera sur ce sonnet qui fonde le symbolisme : *la Mystique de Baudelaire* de M. J. Pommier, le *Baudelaire* de M. Georges Blin, celui de J. Prévost et *Baudelaire and Nature* par F. W. Leakey.

V. « J'AIME LE SOUVENIR
DE CES ÉPOQUES NUES... »

V. 9-10. Épreuve de 1857 :
          Louve, au cœur *ruisselant* de tendresses communes,
          Suspendait l'univers...
V. 12. 1857 : ..., des beautés *dont il était le* roi.
V. 16. Épreuve de 1857 : ... aux lieux où *peut* se voir

V. 19-22. 1857 :
> *A l'aspect du* tableau plein d'épouvantement
> *Des* monstruosités *que voile un* vêtement;
> *Des visages manqués et plus laids que* des masques;
> *De tous ces* pauvres corps, maigres, ventrus ou flasques,

V. 25-26. 1857 :
> *De ces* femmes, hélas! pâles comme des cierges,
> Que ronge et que nourrit la *honte,* et *de ces* vierges

Page 40.   VI. LES PHARES

Str. VII, v. 3. Épreuve de 1857 :
> ... miroir *avec des vierges* nues, ...

Str. XI, v. 3. Épreuve de 1857 :
> Que *ce cri renaissant* qui roule d'âge en âge...

1857 :
> Que *ce long hurlement* qui roule d'âge en âge...

Page 41.   VII. LA MUSE MALADE

Str. I, v. 3. 1857 et 1861 montrent bien : réfléchis *(au masculin)*. Baudelaire a préféré la faute d'accord au risque de donner au vers un pied de trop. 1868 :
> Et je vois tour à tour *s'étaler* sur ton teint...

Page 43.   IX. LE MAUVAIS MOINE

1842-1843. Copie autographe remise à Auguste Dozon.

9 avril 1851, *le Messager de l'Assemblée.*

J. Prévost (*Baudelaire*, p. 160-161) a indiqué une source importante de ce sonnet, les *Vies des plus excellents peintres* de Vasari, traduites par Leclanché. Robert Vivier avait déjà signalé que cette pièce procédait aussi de la *Melancholia* de Th. Gautier.

Titre : Dans une lettre à Ancelle du 10 janvier 1850, ce poème est intitulé : *Le Tombeau vivant.*

Str. II, v. 1. 1851 :
> En ces temps où *le* Christ *avait ses victuailles,*

Str. IV, v. 1. 1842-1843 : *Impuissant Orcagna,* quand ...

Page 44.   XI. LE GUIGNON

1852, Manuscrit autographe.

Ce poème est constitué à peu près intégralement par la traduction de deux fragments, l'un de Longfellow (*A Psalm of Life*), l'autre de Thomas Gray (*Elegy written in a Country Churchyard*) qu'on trouvera en note des *Plaintes d'un Icare*,

p. 3o8. Le vers 4 est imité d'Hippocrate, comme le mentionne une note du ms.
Titre. 1852 : *L'Artiste inconnu* et *les Artistes inconnus.*
Str. IV, v. 1 et 2. 1852 :

> Mainte fleur épanche *en secret*
> Son parfum doux comme un *regret*

Page 45.   XII. LA VIE ANTÉRIEURE

1er juin 1855, *Revue des Deux Mondes.*
Str. III, v. 2. 1855 :

> Au milieu de l'azur, des *flots et* des splendeurs

XIII. BOHÉMIENS EN VOYAGE

1852, Manuscrit autographe.
Ce sonnet est inspiré d'une gravure de Callot.
Str. II, v. 1. 1852 : ... armes *pesantes* [biffé].
Str. III, v. 1 et 2. 1852 :

> Du fond de son *palais verdoyant,* le grillon,
> *En* les *voyant* passer, redouble sa chanson;

Dans l'exemplaire de Bracquemond (1857), Baudelaire avait corrigé ainsi le premier vers du second tercet :

> *Tire l'eau des rochers* et *fleurit* le désert

Page 46.   XIV. L'HOMME ET LA MER

Octobre 1852, *Revue de Paris.*
Titre. 1852 : L'Homme *libre* et la mer.
Str. III, v. 2. 1852 et 1857 : Homme, nul *ne connaît* le fond...

Page 47.   XV. DON JUAN AUX ENFERS

6 septembre 1846, *l'Artiste,* signé Baudelaire Dufaÿs.
Titre. 1846 : *L'Impénitent.*
Str. II, v. 2-4. 1846 :

> Des *vierges* se tordaient sous le noir firmament,
> Et comme un *long* troupeau de victimes offertes,
> Derrière lui traînaient un *grand* mugissement.

Str. IV, v. 1. 1846 : *Tristement* sous son deuil...

Page 48. XVI. CHÂTIMENT DE L'ORGUEIL

Juin 1850, *le Magasin des Familles,* avec *le Vin des Honnêtes gens* (= *l'Ame du Vin*).
V. 4. 1850 : Après avoir *touché* les...
V. 6. 1850 : *Et même découvert* vers les célestes gloires.
V. 11. 1850 et 1857 : ... je t'ai *porté* bien haut!
V. 14. 1850 : ... qu'un *objet* dérisoire.

Page 49. XVII. LA BEAUTÉ

20 avril 1857, *Revue française.*
Str. III, v. 2. *Revue française* et 1ʳᵉ édition :
 Qu'on dirait que j'emprunte aux plus fiers monuments,
Str. IV, v. 2. *Revue française,* et 1ʳᵉ édition :
 De purs miroirs qui font *les étoiles* plus belles :

XVIII. L'IDÉAL

9 avril 1851, *le Messager de l'Assemblée.*
Str. II, v. 1. 1851 : ... à Gavarni, *le chantre* des chloroses.
Str. II, v. 3. 1851 : Car je ne *peux* trouver...
Str. III, v. 2. 1851 : C'est *toi*, Lady...
Str. IV, v. 2-3, 1851 :
 Qui *dors* paisiblement dans une pose étrange
 Et tes appas *taillés* aux bouches des Titans!
 La graphie « tors » pourrait se justifier par l'ancienne lan-
gue qui orthographiait ainsi la 2ᵉ personne de ce verbe à
l'indicatif présent.

Page 51. XX. LE MASQUE

30 novembre 1859, *Revue contemporaine.*
 La dédicace a été apportée par l'édition de 1861. Dans la
partie de *Salon de 1859* consacrée à la sculpture, Baude-
laire a célébré *la Comédie humaine* de Christophe. Celui-ci
reprit ce sujet en une grande statue de marbre qu'il intitula
le Masque et qui orne maintenant le Jardin des Tuileries.
V. 12. 1859 : ... avec un *ton* vainqueur :
V. 20. 1859 :
 — Mais non! *C'était* un masque, un *carton* suborneur,

Page 52. XXI. HYMNE A LA BEAUTÉ

15 octobre 1860, *l'Artiste.*
Str. I, v. 4. 1860 :
 Et *c'est pourquoi* l'on peut te comparer au vin.
Str. V, v. 4. 1860 :
 Semble un *agonisant* caressant son tombeau.

Page 53. XXII. PARFUM EXOTIQUE

 A rapprocher d'*Un Hémisphère dans une chevelure* (*le
Spleen de Paris*, XVII). Sans doute ce poème est-il, comme
les deux suivants, inspiré par Jeanne.

Page 54.   XXIII. LA CHEVELURE

20 mai 1859, *Revue française* (voir la note ci-dessus).

Page 56. XXV. « TU METTRAIS L'UNIVERS
        ENTIER DANS TA RUELLE... »

Une des plus anciennes pièces que Baudelaire ait compo-
sées. Elle a été inspirée par Louchette, c'est-à-dire Sara,
une petite prostituée du Quartier latin. Voir la pièce
XXXII et *Poésies de Jeunesse*, p. 248 : « Je n'ai pas pour
maîtresse une lionne illustre... ».

Page 57. XXVI. SED NON SATIATA

Str. II, v. 1. *constance:* c'est un vin récolté aux environs
de la ville du Cap; *nuits*, le vin de ce cru.

        XXVII. « AVEC SES VÊTEMENTS
        ONDOYANTS ET NACRÉS... »

20 avril 1857, *Revue française* (titre : « Sonnet »).
Pièce sans doute inspirée par Jeanne.

Page 58. XXVIII. LE SERPENT QUI DANSE
Str. I, v. 3. 1868 :
        Comme une *étoile* vacillante,
Str. VIII, v. 3. 1857 :
        Quand ta *salive exquise monte*

Page 61. XXX. DE PROFUNDIS CLAMAVI

9 avril 1851, *le Messager de l'Assemblée*. Titre : *La
Béatrix.*
1er juin 1855, *Revue des Deux Mondes*. Titre : *Le
Spleen.*
Str. II, v. 1. 1851 : *trois* mois, — ainsi qu'au vers suivant.
Str. III, v. 3. 1851 : Et cette *vieille* nuit...

Page 62.   XXXI. LE VAMPIRE

1er juin 1855, *Revue des Deux Mondes.*
Str. I, v. 3. 1855 :
        Toi qui, comme un *hideux* troupeau

Page 63.   XXXII. « UNE NUIT
QUE J'ÉTAIS PRÈS D'UNE AFFREUSE JUIVE... »

Inspirée par Sara, dite Louchette, donc très ancienne.
Str. II, v. 4. Épreuve de 1857 :
        Et dont le souvenir *odorant* me ravive.

Page 63.   XXXIII. REMORDS POSTHUME

1ᵉʳ juin 1855, *Revue des Deux Mondes.*
Str. II, v. 2. 1855 : ... un *vivant* nonchaloir,
Str. III, v. 3. 1868 : Durant ces *longues* nuits...

Page 67.   XXXVII. LE POSSÉDÉ

1858, Manuscrit autographe.
20 janvier 1859, *Revue française.*
Cette pièce (comme *Le Balcon*) appartient sans doute aussi
au cycle de Jeanne. Le dernier vers, dans la *Revue française,*
renvoyait au *Diable amoureux* de Cazotte (voir l'Épilogue
de ce conte fantastique. On trouvera en effet le mot « pos-
sédé », appliqué au héros qui n'est plus qu' « un instrument
entre les mains du Diable »; l'exclamation finale se lit égale-
ment dans l'œuvre de Cazotte où le Diable demande à être
invoqué sous cette forme). — Autre allusion à cet épisode
dans *Fusées,* XI.
Str. I, v. 2. 1858 : O *Soleil* de *mon âme...*

XXXVIII. UN FANTÔME

Mars 1860, Manuscrit autographe.
15 octobre 1860, *l'Artiste.*
Ces quatre sonnets appartiennent au cycle de Jeanne.

I. LES TÉNÈBRES

Str. III, v. 3. Ms. et version de *l'Artiste :* A sa *légère* allure...
Str. IV, v. 3. 1868 : C'est Elle! *sombre* et...

Page 69.   III. LE CADRE

Str. II, v. 1. Ms. : Ainsi *miroirs, pierres,* métaux, dorure,
Str. III et IV. Voici ces deux tercets dans l'édition de 1868 :

> Même on eût dit parfois qu'elle croyait
> Que tout voulait l'aimer; elle noyait
> *Dans les baisers du satin et du linge*

> *Son beau corps nu, plein de frissonnements,*
> Et, lente ou brusque, *en tous ses mouvements,*
> Montrait la grâce enfantine du singe.

IV. LE PORTRAIT

Str. IV. Ms. :
> Comme un manant ivre, ou comme un soudard
> Qui bat les murs et salit et coudoie
> Une beauté frêle, en robe de soie.

Page 70. XXXIX. « JE TE DONNE CES VERS
AFIN QUE SI MON NOM... »

20 avril 1857, *Revue française* (titre : « Sonnet »).

On peut considérer ce sonnet, dont le thème a été maintes
fois utilisé dans la poésie amoureuse de la Renaissance, en
particulier par Ronsard, comme l'Épilogue du cycle consacré
à Jeanne Duval.

Str. I, v. 3 et 4. *Revue française* et 1ʳᵉ édition :

    Et, *navire poussé* par un grand aquilon,
    Fait *travailler* un soir les cervelles humaines,

Str. IV, v. 2. Épreuve de 1857 :

    Les stupides mortels qui *t'appellent leur frère*

Page 71. XL. SEMPER EADEM

Cette pièce fait peut-être la transition entre le cycle de
Jeanne et celui de Mᵐᵉ Sabatier. Mais on pourrait aussi
suggérer, vu sa date de publication, qu'elle est comme la
constatation du malentendu fondamental dont la décou-
verte amena Baudelaire à placer ses relations avec la Prési-
dente sur le plan de l'amitié.

XLI. TOUT ENTIÈRE

Inspirés par Mᵐᵉ Sabatier, ces vers furent retenus par le
Parquet, qui n'en demanda cependant pas la suppression.

Page 72. XLII. « QUE DIRAS-TU CE SOIR,
PAUVRE ÂME SOLITAIRE... »

16 février 1854, dans une lettre non signée à Mᵐᵉ Sabatier.

Str. III, v. 3. 1854 :

    Son Fantôme *en dansant marche* comme un flambeau.

Page 73. XLIII. LE FLAMBEAU VIVANT

7 février 1854, dans une lettre non signée à Mᵐᵉ Sabatier.

Str. I, v. 4. Lettre et 1857 :

    Suspendant mon regard à leurs feux diamantés.

XLIV. RÉVERSIBILITÉ

3 mai 1853, Copie envoyée anonymement, et sans titre, à
Mᵐᵉ Sabatier.

Page 74. XLV. CONFESSION

9 mai 1853, dans une lettre non signée et sans titre à
Mᵐᵉ Sabatier.

Str. VIII, v. 2. 1853 et 1857 :

    Qu'il ressemble au travail banal

Str. X, v. 1. 1853 : *in*voqué
— v. 3. 1853 :
>   Et cette .confidence *étrange* chuchottée

Page 76. XLVI. L'AUBE SPIRITUELLE

Février 1854, sonnet envoyé à Mme Sabatier avec ces seuls
mots : « After a night of pleasure and desolation, all my soul
belongs to you. »
Str. I, v. 4. 1854 : Dans la *bête* assoupie
Str. II, v. 4. 1854 : Ainsi, *Forme divine*, Être...

Page 77. XLVIII. LE FLACON

Sans doute est-ce la pièce-épilogue du cycle de Mme Saba-
tier.
Str. I, v. 3. 1857 :
>   *Quelquefois* en ouvrant un *coffre* d'Orient

Str. II, v. 2. 1857 :
>   *Sentant* l'odeur d'*un siècle, arachnéenne* et noire,

Str. IV, v. 4. 1857 :
>   Vers un gouffre *où l'air est plein de parfums* humains;

Page 79. XLIX. LE POISON

Inspiré par Marie Daubrun, « la femme aux yeux verts ».
Str. II, v. 2. 1857 : *Projette* l'illimité, — Voir *les Paradis.
artificiels*.

L. CIEL BROUILLÉ

Inspiré aussi par Marie Daubrun.
Str. I, v. 3. 1857 :
>   Alternativement tendre, *doux et* cruel,

Page 80. LI. LE CHAT

Str. I, v. 3. Épreuve de 1857 :
>   Un beau chat doux, *fier* et charmant.

Str. II, v. 3. 1857 : ... toujours *suave* et profonde.
Str. V, v. 3. Épreuve de 1857 : ... plus *profondément*

Page 82. LII. LE BEAU NAVIRE

Inspiré sans doute par Marie Daubrun.
Les variantes suivantes sont empruntées à l'épreuve de
1857.
Str. I, v. 1. (valable aussi pour le vers 1 de la strophe IV) :
>   Je veux te raconter, *pour que tu les connaisses*,

Str. V, v. 2 :
>   Ta gorge *calme et fière* est une belle armoire

Page 83. LIII. L'INVITATION AU VOYAGE

1er juin 1855, *Revue des Deux Mondes*.

Ce poème appartient au cycle de Marie Daubrun. — Rapprocher cette pièce du petit poème en prose qui porte le même titre.

Page 85. LIV. L'IRRÉPARABLE

1er juin 1855, *Revue des Deux Mondes*.

Pièce inspirée par Marie Daubrun ainsi qu'en témoigne le titre de 1855 : *A la Belle aux cheveux d'or* — c'est-à-dire à Marie Daubrun qui incarnait ce rôle en 1847, dans la Féerie du même titre, tirée par les frères Cogniard du conte de Mme d'Aulnoy. Les allusions qui peuvent paraître obscures dans le poème s'expliquent par référence à la Féerie. Voir Albert Feuillerat : *Baudelaire et la Belle aux cheveux d'or* (Yale University Press et Paris, José Corti, 1941).

Page 87. LVI. CHANT D'AUTOMNE

30 novembre 1859, *Revue contemporaine*.

En 1859, le poème était dédié à M. D., c'est-à-dire à Marie Daubrun. La pièce LV, *Causerie*, comprise entre deux poèmes inspirés par Marie Daubrun, appartient donc aussi au cycle qui lui est consacré.

Page 89. LVII. A UNE MADONE

V. 10. M. Jean Pommier (*Dans les Chemins de Baudelaire*, p. 213), ayant fait remarquer que l'année 1859, date à laquelle Baudelaire a composé ce poème, était aussi celle du départ de Marie Daubrun avec Banville pour le Midi, voit dans *A une Madone* l'aveu d'une jalousie avide de vengeance.

Page 90. LVIII. CHANSON D'APRÈS-MIDI

Jacques Crépet rapporte l'inspiration de cette pièce à Jeanne Duval, hypothèse qui s'accorde mal avec la place attribuée à cette poésie. Doit-on penser ici encore à Marie Daubrun ou déjà à l'une des « héroïnes secondaires » dont le sonnet suivant inaugure le cycle?

Page 92. LIX. SISINA

Manuscrit autographe datant de 1858 ou de 1859.

Elisa Nieri ou Neri ou Guerri était une amie de Mme Sabatier. On ne sait rien sur l'identité réelle de cette personne. Str. I, v. 2. Ms. : *Traversant la forêt* ou...

Str. II, v. 1. Théroigne de Méricourt, l'héroïne révolution-
naire que l'on surnomma l'Amazone de la Liberté.
— v. 3. Ms. : *L'œil et la joue* en feu, jouant...
Str. III, v. 3. Ms. : Son *orgueil*, affolé...
Str. IV, v. 2. Ms. :
       Et son cœur *délicat et fier, garde* toujours

Page 72. LX. FRANCISCÆ MEÆ LAUDES

Dans le texte de la 1re édition et dans celui des *Épaves*,
cette pièce avait pour sous-titre : *Vers composés pour une
modiste érudite et dévote*, et était accompagnée, de plus, de
la note que voici :

« Ne semble-t-il pas au lecteur, comme à moi, que la
langue de la dernière décadence latine, — suprême soupir
d'une personne robuste, déjà transformée et préparée pour
la vie spirituelle, — est singulièrement propre à exprimer
la passion telle que l'a comprise et sentie le monde poétique
moderne? La mysticité est l'autre pôle de cet aimant dont
Catulle et sa bande, poètes brutaux et purement épider-
miques, n'ont connu que le pôle sensualité. Dans cette
merveilleuse langue, le solécisme et le barbarisme me parais-
sent rendre les négligences forcées d'une passion qui s'oublie
et se moque des règles. Les mots, pris dans une acception
nouvelle, révèlent la maladresse charmante du barbare du
nord, agenouillé devant la beauté romaine. Le calembour
lui-même, quand il traverse ces pédantesques bégayements,
ne joue-t-il pas la grâce sauvage et baroque de l'enfance? »

Voici la traduction de cette « prose », telle que l'a donnée
Jules Mouquet dans son édition des *Vers latins* de Baude-
laire (Mercure de France, 1933) :

LOUANGES DE MA FRANÇOISE

Je te chanterai sur des cordes nouvelles,
O ma bichette qui te joues
Dans la solitude de mon cœur.

Sois parée de guirlandes,
O femme délicieuse
Par qui les péchés sont remis!

Comme d'un bienfaisant Léthé,
Je puiserai des baisers de toi
Qui es imprégnée d'aimant.

> Quand la tempête des vices
> Troublait toutes les routes,
> Tu m'es apparue, Déité,
>
> Comme une étoile salutaire
> Dans les naufrages amers...
> — Je suspendrai mon cœur à tes autels!
>
> Piscine pleine de vertu,
> Fontaine d'éternelle jouvence,
> Rends la voix à mes lèvres muettes!
>
> Ce qui était vil, tu l'as brûlé;
> Rude, tu l'as aplani;
> Débile, tu l'as affermi.
>
> Dans la faim mon auberge,
> Dans la nuit ma lampe,
> Guide-moi toujours comme il faut.
>
> Ajoute maintenant des forces à mes forces.
> Doux bain parfumé
> De suaves odeurs!
>
> Brille autour de mes reins,
> O ceinture de chasteté,
> Trempée d'eau séraphique;
>
> Coupe étincelante de pierreries,
> Pain relevé de sel, mets délicat,
> Vin divin, Françoise.

Page 94.   LXI. A UNE DAME CRÉOLE

20 octobre 1841, Manuscrit dans une lettre à M. Autard de Bragard; sans titre.

25 mai 1845, *l'Artiste.*

Cette poésie est une des plus anciennes « fleurs » que Baudelaire ait écrites, sinon la plus ancienne.

Str. I, v. 2. 1841 :
> J'ai *vu* dans un retrait de tamarins ambrés

—   1845 :
> J'ai *vu* sous un *grand* dais *de tamarins ambrés*

—   1857 :
> J'ai connu sous un dais d'arbres *verts et dorés*

Str. IV, v. 3. 1841 :

Que vos *regards* rendraient plus soumis que *des* noirs.
— 1845 :
Que vos *beaux* yeux rendraient plus *rampants* que vos Noirs.

Page 94.   LXII. MŒSTA ET ERRABUNDA

1er juin 1855, *Revue des Deux Mondes.*
On trouve une Agathe dans le *Carnet* de Baudelaire, mais
est-ce la même? Les dates sont distantes de plus de six années.
Str. II, v. 2. 1855 :
    Quel démon a doté la mer, — *rude* chanteuse
Str. V, v. 3-4. 1855 :
    Les violons *mourans* [mourant, en 1857] derrière...
    Avec les *pots* de vin, ...

Page 96.   LXIV. SONNET D'AUTOMNE

30 novembre 1859, *Revue contemporaine.*
On ignore qui est la « froide Marguerite ».
Str. IV, v. 2-3. 1859 :
    Comme moi, n'es-tu pas un soleil *hivernal*,
    O ma si *pâle*, ô ma si froide Marguerite?

Page 98.   LXVI. LES CHATS

14 novembre 1847, *le Corsaire.*
Str. II, v. 3-4. Ils présentent un sens différent selon que l'on
donne au verbe *prendre* son sens propre ou le sens *figuré*
de *considérer, regarder comme*, ce dernier sens s'accordant
mieux avec la syntaxe de cette phrase. Remarquons d'ail-
leurs que *le Corsaire* fait écrire à Baudelaire :
    S'*il pouvait* au servage incliner leur fierté.

LXVII. LES HIBOUX

9 avril 1851, *le Messager de l'Assemblée.*
Str. I, v. 3. 1851 :
    Comme des idoles de jais,
Str. IV, v. 2. 1851 : Porte *souvent* le...

Page 100.   LXIX. LA MUSIQUE

Str. I, v. 3. 1857 : ... dans un *pur* éther,
Str. II, 1857 :
    La poitrine en avant et *gonflant mes* poumons
            De toile pesante,
    Je monte et je descends sur le dos des *grands monts*
            D'eau retentissante ;

Str. IV, v. 1-2. 1857 :
>   Sur *le sombre* gouffre
> Me bercent, *et parfois le* calme, grand miroir

Page 100.   LXX. SÉPULTURE

Titre 1868 : Sépulture *d'un poëte maudit.*

Page 101. LXXI. UNE GRAVURE FANTASTIQUE
15 novembre 1857, *le Présent.*
V. 12-13. 1857 :
>   *Un triste cimetière à l'immense horizon,*
>   Où *grouillent,* aux *clartés* d'un soleil *froid* et terne,

Le titre de 1857 : « Une gravure *de Mortimer* », indiquait
dans quelle direction on devait mener la recherche de la
source. Mais il a fallu attendre 1953 pour que F. W. Leakey
(*French Studies*, avril) identifiât la gravure : *Death on a Pale
Horse,* de Joseph Haynes, exécutée en 1784 d'après un dessin
de Mortimer.

Plus récemment, l'édition des *Fleurs du Mal* établie par
J. Pommier et Cl. Pichois (Club des Libraires de France,
1959) a révélé deux versions antérieures de ce poème, en
forme de chansons.

Page 102.   LXXII. LE MORT JOYEUX

9 avril 1851, *le Messager de l'Assemblée*; titre : *Le Spleen.*
Str. II, v. 2. 1851 : Plutôt que d'*accepter* une...

LXXIII. LE TONNEAU DE LA HAINE

9 avril 1851, *le Messager de l'Assemblée.*
Str. II, v. 3. 1851 et 1857 : ... saurait *allonger* ses victimes,
—   v. 4. 1851 et 1857 :
>   Et pour les *resaigner galvaniser* leurs corps.
—   1868 :
>   Et pour les *ressaigner* ressusciter leurs corps.
Str. III, v. 1. 1851 : ... d'une caverne,

Page 103. LXXIV. LA CLOCHE FÊLÉE

9 avril 1851, *le Messager de l'Assemblée*; titre : *Le Spleen.*
Str. I, v. 2. 1851 : *De sentir* près du feu...
Str. IV, v. 1. 1851 : *Ressemble aux hurlements* d'un...

Page 104. **LXXV. SPLEEN**

9 avril 1851, *le Messager de l'Assemblée.*
Str. I, v. 1. 1868 : ... contre la *vie* entière,
Str. II, v. 3. 1851 et 1857 : *L'ombre* d'un...

LXXVI. SPLEEN

V. 14. 1857 :
    Hument le vieux parfum d'un flacon débouché.
V. 16. Épreuve de 1857 :
    Quand sous *le premier poids* des neigeuses années
V. 17. La première version était :
    L'ennui, *fils* de la morne incuriosité,
Dans une lettre du 25 avril 1857, Baudelaire demandait à
Poulet-Malassis d'y substituer celle-ci :
    L'ennui, fruit de la morne incuriosité,
  Il ajoutait : « Cette correction, puérile en apparence, a une
valeur pour moi. »
V. 22. Épreuve de 1857 : ... du monde *curieux,*

Page 105. **LXXVII. SPLEEN**

V. 7-8 : Voir, dans *le Spleen de Paris* (XXVII), *Une Mort
héroïque* dont le Prince n'est pas sans parenté avec ce roi.

Page 106. **LXXVIII. SPLEEN**

Str. IV, v. 2. Épreuve de 1857 :
    Et *poussent* vers le ciel un *long gémissement,*
Str. V, v. 1-3. Épreuve de 1857 :
  — Et de *grands* corbillards, sans tambour ni musique,
Passent en foule au fond de mon âme; *et* l'Espoir
Fuyant vers d'autres cieux, l'Angoisse despotique
    1857 :
  — Et d'*anciens* corbillards, sans tambours ni musique,
Défilent lentement dans mon âme; *et,* l'Espoir
Pleurant comme un vaincu, l'Angoisse despotique

Page 107. **LXXIX. OBSESSION**

On connaît deux manuscrits autographes de ce sonnet.
L'un, envoyé dans une lettre à Poulet-Malassis du 10 février
1860 environ, porte en épigraphe les vers 89-90 du *Prométhée
enchaîné* d'Eschyle.

Page 107.   LXXX. LE GOÛT DU NÉANT

20 janvier 1859, *Revue française.*
Str. III, v. 1-2. 1859 :
> Le Temps *descend sur moi* minute par minute,
> Comme la neige *sur* un corps pris de roideur;

Page 109.   LXXXIII. L'HÉAUTONTIMOROUMÉNOS

Il semble bien que cette pièce ne soit que la deuxième partie
d'un *Épilogue* dont Baudelaire entretenait Victor de Mars,
secrétaire de la *Revue des Deux Mondes*, le 7 avril 1855, et
qu'il lui analysait en ces termes : « Laissez-moi me reposer
dans l'amour. — Mais non, — l'amour ne me reposera pas. —
La candeur et la bonté sont dégoûtantes. — Si vous voulez me
plaire et rajeunir les désirs, soyez cruelle, menteuse, liber-
tine, crapuleuse et voleuse; et si vous ne voulez pas être
cela, je vous assommerai, sans colère. Car je suis le vrai
représentant de l'ironie, et ma maladie est d'un genre abso-
lument incurable. »
On sait que le titre de ce poème est aussi celui d'une
comédie de Térence, mais Jacques Crépet et Georges Blin y
voyaient plutôt une réminiscence de Joseph de Maistre qui,
dans le troisième entretien des *Soirées de Saint-Pétersbourg*,
assure que « tout méchant est un *Héautontimorouménos* »
[littéralement : celui qui se châtie lui-même].
Dédicace : A propos de la même dédicace qui figure en
tête des *Paradis artificiels* (1860), Baudelaire a écrit, dans un
canevas : « Je désire que cette dédicace soit inintelligible. »
Le vœu de Baudelaire a été comblé : l'identité de la dédica-
taire pose, en effet, un problème qui n'a pas encore reçu de
solution. On a voulu lire, mais sans preuves certaines : « A
Jeanne Gentille Femme » ou « A Juliette Gex-Fagon ».

Page 111.   LXXXIV. L'IRREMÉDIABLE

10 mai 1857, *l'Artiste.*
Str. I de la 2ᵉ partie, v. 2. Épreuve de 1857 : Poulet-Malassis
eût désiré que Baudelaire écrivît : *D*'un cœur... Mais sur
l'épreuve, Baudelaire lui répond : « Non. Laissez *Qu'un.*
Quel tête-à-tête qu'un cœur corrompu se servant à lui-
même de miroir! un cœur et le cœur pour miroir, quel
tête-à-tête sombre! »

TABLEAUX PARISIENS

Page 114.   LXXXVI. PAYSAGE

15 novembre 1857, *le Présent*.
Titre. 1857 : Paysage *parisien*. La suppression de l'adjectif
en 1861 résulte de la place liminaire qu'occupe ce poème
dans la section des « Tableaux parisiens », section créée
pour la 2ᵉ édition.
V. 4. 1857 : Leurs *chants mélodieux* emportés...
V. 21-26. 1857 :

> Et l'émeute *aura beau tempêter* à ma vitre,
> Je ne lèverai pas le front de mon pupitre,
> Et ne bougerai plus de l'antique fauteuil
> Où je veux composer pour un jeune cercueil
> (Il faut charmer nos morts dans leur noire retraite)
> De doux vers tout fumants comme des cassolettes.

Page 116. LXXXVIII. A UNE MENDIANTE
ROUSSE

Il existe un manuscrit sans date (1843?), mais qui est
antérieur à un autre manuscrit de 1852.
Cette jeune personne, qui a inspiré à Banville une pièce
des *Stalactites : A une petite chanteuse des rues*, a été peinte
par Émile Deroy (Musée du Louvre).
Titre. 1852 : *La robe trouée de la* mendiante rousse.
Str. I, v. 1. Ms. [= ms. antérieur à 1852], 1852 et 1857 :
              Ma blanchette aux cheveux roux,
Str. III, v. 2-3. Ms., 1852 et 1857 :
                  Qu'une *pipeuse d'amant*
                  Ses *brodequins* de velours
Str. VI, v. 3. Ms. : *Ton tétin blanc comme lait*
 —   1852 et 1857 : *Ton sein plus blanc que du lait*
 —   v. 4. Ms., 1852 et 1857 : *Tout nouvelet*;
Str. VII, v. 2. Ms. et 1852 : se fassent *piller*
 —   v. 3-4. Ms. :
                  Et chassant à coups *lutins*
                  Les doigts *mutins*,
Str. VIII, v. 1. Ms. et 1852 : *Écrins* de la...
Str. IX, v. 3. Ms., 1852 et 1857 : Et *reluquant* ton soulier
Str. X, v. 1. Ms. et 1852 : Page*s flaireurs* de hazards,
              1857 : Maint page *ami* du hasard,
 —   v. 2. Ms. et 1852 : *Et grands seigneurs* et Ronsard*s*
 —   v. 3. Ms. : *Assiégeraient au* déduit

Str. XII, v. 2. Ms. : Quelque vieux *diner* gisant
—   1852 : Quelque vieux *morceau* gisant
Str. XIII, v. 2. Ms. et 1852 : *De vieux bonnets de six* sous
        Épreuve de 1857 : Des *brimborions* de vingt sous
—   v. 3. Ms. : *Moi*, je ne puis, ô pardon!

Page 118.   LXXXIX. LE CYGNE

Ce poème a été adressé à Victor Hugo, dans la lettre du
7 décembre 1859 dont voici des extraits :

« Voici des vers faits pour vous et en pensant à vous. Il ne
faut pas les juger avec vos yeux trop sévères, mais avec vos
yeux paternels... Ce qui était important pour moi, c'était de
dire vite tout ce qu'un accident, une image, peut contenir
de suggestions, et comment la vue d'un animal souffrant
pousse l'esprit vers tous les êtres que nous aimons, qui sont
absents et qui souffrent... »

On trouvera la réponse de Victor Hugo, en date du 18 dé-
cembre 1859, dans sa *Correspondance*, t. II, p. 323. Elle
commence ainsi :

« Comme tout ce que vous faites, Monsieur, votre *Cygne*
est une idée. Comme toutes les idées vraies, il a des profon-
deurs. Ce cygne dans la poussière a sous lui plus d'abîmes
que le cygne des eaux sans fond du lac de Gaube [Pyrénées].
Ces abîmes, on les entrevoit dans vos vers pleins d'ailleurs de
frissons et de tressaillements. »

En 1860, le poème portait pour épigraphe : *Falsi Simoentis
ad undam.* C'est le deuxième hémistiche d'un vers de l'*Énéide*;
on trouvera au chant III de ce poème, v. 301-329, le passage
dont Baudelaire s'est inspiré.

Str. II, v. 2. 1860 : ... *ce vaste* Carrousel.
Str. IV, v. 4. 1860 : un *salé* ouragan...
Str. VII, v. 1. Cf. les *Métamorphoses* d'Ovide, livre I, v. 84-85 :
    « Os homini sublime dedit cœlumque tueri... »

Page 120.   XC. LES SEPT VIEILLARDS

1859, trois manuscrits : *A, B, C.* On trouvera entre cro-
chets les repentirs de Baudelaire.

Ce poème a été envoyé, ainsi que *les Petites Vieilles*, à
Victor Hugo, le 27 septembre 1859. L'exilé remercia Baude-
laire le 6 octobre 1859 dans une lettre dont voici un extrait :

« Que faites-vous donc quand vous écrivez ces vers sai-
sissants : *Les Sept Vieillards* et *Les Petites Vieilles*, que vous
me dédiez, et dont je vous remercie? Que faites-vous? Vous
marchez. Vous allez en avant. Vous dotez le ciel de l'art

d'on ne sait quel rayon macabre. Vous créez un frisson nouveau... »

Titre. A, B, C : Fantômes parisiens.

Str. I, v. 2. *A et B :*
Les fantômes le jour *raccrochent* le passant ;

Str. II, v. 1. *A :*
Un matin *([quel matin !] quelle aurore ! et quelle* triste rue !
— v. 2. *A et B :* dont la brume *augmentait* la hauteur,
— v. 4. *A : Sombre* décor semblable...

Str. IV, v. 3. *A et B :* Et dont l'*habit* aurait...

Str. V, v. 2. *A et B :*
Dans *du* fiel ; son regard *redoublait* les frimas,

Str. IX, v. 1. *A et B :*
   Aux complots des Démons *étais-je donc en butte?*
      v. 4. *A et B : Ce vieillard* monstrueux *qui...*

Str. XI, v. 1. *A :*
Une *angoisse me prit en songeant au* huitième !
B :
Une terreur me prit en songeant au huitième !
— v. 2. *A :*
Au neuvième ! au possible, au probable, au fatal !
— v. 3. *A :*
Je voulus fuir ce père *éternel de soi*-même

Str. XII, v. 3. *A et B :* ... l'esprit *hagard* et trouble,

Str. XIII. *A :*
Ma raison vainement réclamait son empire ;
La *fièvre* en *se* jouant *abattait* ses efforts,
Et mon âme dansait, *[toujours] dansait comme un navire*
Sans mâts, sur une mer *indomptable* et sans bords !

C : la version suivante est entièrement biffée :
Bien en vain ma raison *réclamait son empire ;*
Le délire, en jouant déroutait ses efforts,
Et mon âme dansait, dansait, *comme un navire*
Sans mats [*sic*], sur une mer *noire, énorme* et sans bords.

C : version conservée :
Bien en vain ma raison voulait prendre la barre ;
La tempête en jouant, déroutait ses efforts,
Et mon âme dansait, dansait, *pauvre* gabare
Sans mats [*sic*], sur une mer *noire, énorme* et sans bords.

Cette description d'hallucination a peut-être, en partie, pour origine, la scène de *Macbeth* (IV, 1) où le roi meurtrier

voit apparaître, par l'intervention des sorcières, les spectres
de huit autres rois, accompagnés de celui de Banquo :

> Another yet! A seventh! I'll see no more :
> And yet the eighth appears... *etc.*

A-t-on observé que le poème a treize strophes? Est-ce un pur
hasard?

Page 122. XCI. LES PETITES VIEILLES

15 septembre 1859, *Revue contemporaine*.

1862, *les Poëtes français*, anthologie d'E. Crépet, t. IV.

Envoyant ce poème à Victor Hugo, ainsi que *les Sept
Vieillards*, Baudelaire confiait à son grand aîné qu'il l'avait
écrit pour imiter sa manière. Il ajoutait : « J'ai vu quelque-
fois dans les galeries de peinture de misérables rapins qui
copiaient les ouvrages des maîtres. Bien ou mal faites, ils
mettaient quelquefois dans ces imitations, à leur insu, quel-
que chose de leur propre nature grande ou triviale. Ce sera là
peut-être (peut-être!) l'excuse de mon audace. »

Titre. 1859 : *Fantômes parisiens. — II.* Les Petites Vieilles.

Str. VII, v. 1. 1862 : Et lorsque j'*aperçois* un...

Str. VIII : Elle ne figure pas dans le texte de la *Revue contem-
poraine.*

Str. X, v. 1. 1868 : De *l'*ancien Frascati Vestale...

— v. 3. 1862 : *Défunt, seul, se souvient*; célèbre...

Str. XII, v. 4. 1862 :

> Toutes *feraient* un fleuve *en rassemblant* leurs pleurs!

Deux autres exemples montreront bien l'intérêt affectueux
que Baudelaire portait aux vieilles femmes. On rencontre
dans une liste de Romans et Nouvelles ce titre : « Une petite
vieille qu'on suit », et dans *Pauvre Belgique* (chapitre xix,
f[t] 211) cette note : « Vœu d'aller voir si la petite vieille est
au bord du canal. » Voir aussi *les Veuves*, dans *le Spleen de
Paris.*

Str. XIV, v 1. 1859 : ... concerts *sonnant le* cuivre,

Str. XIX, v. 3. 1862 :

> Comme si j'étais, *moi*, votre père, ô merveille!

Str. XXI : Cette strophe, qui figure dans le premier tirage
des *Poëtes français* (1862), a été supprimée lors du second
tirage (1863).

Page 125.   XCII. LES AVEUGLES

15 octobre 1860, *l'Artiste*.

On connaît, de plus, un manuscrit des deux premiers
quatrains.

Str. IV, v. 1-2. 1860 :
>   *Cherchant la jouissance avec férocité,*
>   *Moi,* je me traîne aussi, mais plus qu'eux hébété,

Page 128. XCV. LE CRÉPUSCULE DU SOIR

1852. Manuscrit autographe.

Juin 1855, *Fontainebleau — Hommage à C. F. Denecourt, ...*

Ici ce *Crépuscule*, ainsi que les autres pièces de Baude-
laire, était précédé de la lettre suivante adressée à Fernand
Desnoyers :

« Mon cher Desnoyers, vous me demandez des vers pour
votre petit volume, des vers sur la *Nature*, n'est-ce pas? sur
les bois, les grands chênes, la verdure, les insectes, — le
soleil, sans doute? Mais vous savez bien que je suis incapable
de m'attendrir sur les végétaux, et que mon âme est rebelle à
cette singulière Religion nouvelle, qui aura toujours, ce me
semble, pour tout être *spirituel*, je ne sais quoi de *shocking*.
Je ne croirai jamais que *l'âme des Dieux habite dans les
plantes* [vers de Victor de Laprade], et quand même elle y
habiterait, je m'en soucierais médiocrement, et considérerais
la mienne comme d'un bien plus haut prix que celle des
légumes sanctifiés. J'ai même toujours pensé qu'il y avait
dans la *Nature*, florissante et rajeunie, quelque chose d'affli-
geant, de dur, de cruel, — un je ne sais quoi qui frise l'impu-
dence. Dans l'impossibilité de vous satisfaire complètement
suivant les termes stricts du programme, je vous envoie
deux morceaux poétiques, qui représentent à peu près la
tournure des rêveries dont je suis assailli aux heures crépus-
culaires. Dans le fond des bois, enfermé sous ces voûtes sem-
blables à celles des sacristies et des cathédrales, je pense à
nos étonnantes villes, et la prodigieuse musique qui roule sur
les sommets me semble la traduction des lamentations
humaines. »

Titre. Ms. *Les deux crépuscules de la grande Ville.* [...] *Le soir.*

Page 129.   XCVI. LE JEU

Str. I, v. 2-4. 1857 :
>   — *Fronts poudrés*, sourcils peints *sur des regards d'acier*, —
>   *Qui s'en vont brimbalant à leurs maigres oreilles*
>   *Un cruel et blessant tic-tac de balancier;*

Str. VI, v. 1-3, 1857 :
>   Et mon cœur s'effraya d'envier *le* pauvre homme
>   *Qui court* avec ferveur à l'abîme béant,
>   Et, *soûlé* de son sang, préférerait en somme

Page 130.   XCVII. DANSE MACABRE

1er janvier 1859, Manuscrit autographe, dans une lettre à Alphonse de Calonne.

15 mars 1859, *Revue contemporaine.*

Cette pièce est inspirée d'une « esquisse » d'Ernest Christophe, une statuette dont Baudelaire regrettait l'absence au Salon de 1859 et qu'il décrivait dans l'un des articles qu'il consacra à cette manifestation artistique :

« Figurez-vous un grand squelette féminin tout prêt à partir pour une fête. Avec sa face aplatie de négresse, son sourire sans lèvre et sans gencive, et son regard qui n'est qu'un trou plein d'ombre, l'horrible chose qui fut une belle femme a l'air de chercher vaguement dans l'espace l'heure délicieuse du rendez-vous ou l'heure solennelle du sabbat inscrite au cadran invisible des siècles. Son buste, disséqué par le temps, s'élance coquettement de son corsage, comme de son cornet un bouquet desséché, et toute cette pensée funèbre se dresse sur le piédestal d'une fastueuse crinoline.

« Qu'il me soit permis, pour abréger, de citer un lambeau rimé dans lequel j'ai essayé non pas d'*illustrer*, mais d'expliquer le plaisir subtil contenu dans cette figurine, à peu près comme un lecteur soigneux barbouille de crayon les marges de son livre; [suivent les vingt-deux premiers vers de la pièce qui nous occupe]. »

Str. XII, v. 1 : A propos du mot *gouge*, Baudelaire écrivait à Calonne, en lui renvoyant l'épreuve :

« *Gouge* est un excellent mot, mot unique, mot de *vieille* langue, applicable à une *danse macabre*, mot contemporain des *danses macabres*. Unité de style. Primitivement, une belle *Gouge* n'est qu'une belle femme; postérieurement, la gouge, c'est la courtisane qui suit l'armée, à l'époque où le soldat, non plus que le prêtre, ne marche pas sans une arrière-garde de courtisanes. Il y avait même des règlements qui autorisaient cette volupté ambulante. Or la Mort n'est-elle pas la Gouge qui suit en tous lieux la *Grande Armée universelle*, et n'est-elle pas une courtisane dont les embrassements sont positivement *irrésistibles*? Couleur, antithèse, métaphore, tout est exact. Comment votre sens critique, si net, n'a-t-il pas deviné mon intention? »

Str. XIII, v. 2. A propos du mot « lovelaces », Baudelaire écrivait à Calonne dans la même lettre :

« J'appelle vos yeux sur *Lovelaces*. Si c'est un substantif, petit *l*, et un *s* final. Si c'est un nom propre que nous généralisons occasionnellement, grand *l* et pas d'*s*, selon la

règle. En somme, Lovelace est presque un substantif de
conversation. J'opine pour le petit *l* et le pluriel. »

Page *133*. XCVIII. L'AMOUR DU MENSONGE

Mars 1860, Manuscrit autographe.
15 mai 1860, *Revue contemporaine.*
Titre. Ms. : *Le Décor.*
Une épigraphe figurait dans le texte tant du manuscrit
que de la *Revue contemporaine :*
  Même elle avait encor cet éclat emprunté
  Dont elle eut soin de peindre et d'orner son visage
  Pour réparer des ans l'irréparable outrage.
Ces vers étaient suivis dans le ms. du seul nom de *Racine*,
et dans la *Revue contemporaine* de la double mention :
RACINE, *Athalie.*
Str. III, v. 2-4. Ms. :
  Le souvenir *divin, antique* et lourde tour,
  La couronne, et son cœur, meurtri comme *la* pêche,
  Est, *comme son corps, mûr* pour le savant amour.

Page *134*. XCIX. « JE N'AI PAS OUBLIÉ, VOISINE DE LA VILLE... »

Cette pièce a trait à la jeunesse heureuse de Baudelaire,
c'est-à-dire à la période qui a précédé le remariage de sa
mère. Pendant le court moment que celle-ci resta veuve, elle
résida parfois avec son fils dans une petite maison, située à
l'emplacement de l'actuel 11, rue du Débarcadère, Paris (17e),
qui était alors située sur le territoire de la commune de
Neuilly.
Baudelaire écrivait à sa mère au sujet de ces vers, le
11 janvier 1858 :
« Vous n'avez donc pas remarqué qu'il y avait dans *les
Fleurs du Mal* deux pièces vous concernant, ou du moins
allusionnels [*sic*] à des détails intimes de notre ancienne vie,
de cette époque de veuvage qui m'a laissé de singuliers et
tristes souvenirs, l'une : *Je n'ai pas oublié, voisine de la ville...*
(Neuilly), et l'autre qui suit : *La servante au grand cœur dont
vous étiez jalouse...* (Mariette)? J'ai laissé ces pièces sans
titres et sans indications claires, parce que j'ai horreur de
prostituer les choses intimes de famille. »

Page 134.   C. « LA SERVANTE
AU GRAND CŒUR DONT VOUS ÉTIEZ JALOUSE... »

Voir les commentaires précédents, ainsi que, dans les
Journaux intimes, la fin de la série *Hygiène*. Dans *Mon
Cœur mis à nu*, Baudelaire inscrivait cette *Prière* (f. xxv) :
« Ne me châtiez pas dans ma mère et ne châtiez pas ma
mère à cause de moi. — Je vous recommande les âmes de
mon père et de Mariette. — Donnez-moi la force de faire
immédiatement mon devoir tous les jours et de devenir ainsi
un héros et un Saint. »
V. 2. 1857 : — *Dort-elle* son sommeil...
V. 3. 1857 : Nous *aurions déjà dû* lui porter...
V. 13. 1857 : Et *l'éternité fuir*, sans...
V. 16. 1857 :
          Calme, dans le fauteuil *elle venait* s'asseoir,

Page 135.   CI. BRUMES ET PLUIES

Str. I, v. 1. Épreuve de 1857 : O *fruits* d'automne, ...
— v. 4. 1857 : ... et d'un *brumeux* tombeau.

Page 136.   CII. RÊVE PARISIEN

Mars 1860, deux manuscrits *(A et B)*.
Str. I, v. 1. *A :* De ce *fastueux* paysage,
— v. 2-3. *A :* Tel que mortel jamais n'en vit
          De pareil, ce matin, l'image,
B : Comme jamais mortel n'en vit
1868 : Que jamais *œil* mortel *ne* vit,
Str. III, v. 1. *A* et *B :* Et, peintre *ivre* de *son* génie.
Str. VI, v. 3. *A* et *B :* Où de *colossales* naïades,

Page 138.   CIII. LE CRÉPUSCULE DU MATIN

1852, Manuscrit.
1855, 2 juin, *Fontainebleau — Hommage à C. F. Denecourt.*
Titre. Ms. : *Les deux crépuscules de la grande Ville. — Le
matin.*
V. 17. 1855 : ... où parmi *la faim* et la lésine
V. 21. 1852 et 1855 :
          Un brouillard glacial baignait les édifices,

LE VIN

Page 140.   CIV. L'ÂME DU VIN

Septembre 1844, le premier vers cité en épigraphe, par Banville, dans *la Chanson du Vin*, pièce des *Stalactites* datée de septembre 1844.

Juin 1850, *le Magasin des Familles*.

27 septembre 1851, *la République du Peuple. Almanach démocratique*.

Titre. 1850 : *Poésies de la famille — Le Vin des honnêtes gens.*

Str. I, v. 2. 1850 et 1851 :

> ... je *pousserai* vers toi, *mon bien-aimé.*

Str. III, v. 1. 1850 : ... une joie *extrême* quand...

—   v. 2. 1851 : ... d'un homme *épuisé de* travaux :

—   v. 3. 1850 et 1851 :

> Et sa poitrine *honnête* est une *chaude* tombe

Str. IV, v. 1. 1851 : Entends-tu *résonner* les refrains...

Str. V, v. 1. 1850 et 1851 : ... de ta femme *attendrie*;

Str. VI, v. 2-4. 1850 et 1851 :

> *Comme le grain fécond tombe dans le sillon,*
> *Et de notre union naîtra* la poésie
> Qui *montera* vers Dieu comme *un grand papillon.* »

Page 141. CV. LE VIN DES CHIFFONNIERS

Ms. *A*, signé Charles Baudelaire, sans doute le plus ancien. 1852, Manuscrit *B* de 24 vers.

15 novembre 1854, *Jean Raisin, revue joyeuse et vinicole* (texte du manuscrit B, avec deux variantes indiquées plus bas).

Pour un doublet en prose, voir *Du Vin et du Hachish.*

Comme cette poésie a subi des remaniements considérables, nous donnons ci-dessous le texte des deux manuscrits :

A

LE VIN DES CHIFFONNIERS

Au fond de ces quartiers sombres et tortueux,
Où vivent par milliers des ménages frileux,
Parfois, à la clarté sombre des réverbères,
Que le vent de la nuit tourmente dans leurs verres,
On voit un chiffonnier qui revient de travers,
Se cognant, se heurtant, comme un faiseur de vers,
Et libre, sans souci des patrouilles funèbres,
Seul épanche son âme au milieu des ténèbres.

Un régiment se meut à ses regards trompés,
Et lui, jette aux échos des mots entrecoupés,
Tels que ceux que vaincu par la mort triomphante
L'Empereur exhalait de sa gorge expirante.

Oui, ces gens tout voûtés sous le poids des débris
Et des fumiers infects que rejette Paris,
Harassés et chargés de chagrins de ménage,
Moulus par le travail et tourmentées par l'âge,
Ont une heure nocturne où pleins d'illusions,
Et l'esprit éclairé d'étranges visions,
Ils s'en vont, parfumés d'une odeur de futailles,
Commandant une armée et gagnant des batailles,
Et jurant qu'ils rendront toujours leur peuple heureux.
Mais nul n'a jamais vu les hauts faits glorieux,
Les triomphes bruyants, les fêtes solemnelles [*sic*],
Qui s'allument alors au fond de leurs cervelles,
Plus belles que les Rois n'en rêveront jamais.

C'est ainsi que le Vin règne par ses bienfaits,
Et chante ses exploits par le gosier de l'homme.
Grandeur de la bonté de Celui que tout nomme,
Qui nous avait déjà donné le doux sommeil,
Et voulut ajouter le vin, fils du soleil,
Pour réchauffer le cœur et calmer la souffrance
De tous les malheureux qui meurent en silence.

B

LE VIN DES CHIFFONNIERS

Souvent, à la clarté sombre des réverbères
Que le vent de la nuit tourmente dans leurs verres,
Au fond de ces quartiers sombres et tortueux
Où grouillent par milliers des ménages frileux,

On voit un chiffonnier qui vient, hochant la tête,
Buttant [*sic*] et se cognant aux murs comme un poëte,
Et sans prendre souci des mouchards ténébreux,
Épanchant tout son cœur dans l'air silencieux.

Oui, ces gens harcelés de chagrins de ménage,
Moulus par le travail et tourmentés par l'âge,
Le dos bas, et meurtris sous le poids des débris
Et des fumiers infects que rejette Paris,

Reviennent parfumés d'une odeur de futailles
Commandant une armée et gagnant des batailles.
Ils jurent qu'ils rendront toujours leur peuple heureux
Et suivent à cheval leurs destins glorieux.

C'est ainsi qu'à travers l'humanité frivole
Le vin roule de l'or comme un nouveau Pactole;
Par le gosier de l'homme il chante ses exploits,
Et par ses bienfaits règne ainsi que les bons Rois.

Pour appaiser [*sic*] le cœur et calmer la souffrance
[Version biffée du même vers : Pour *adoucir* le cœur...]
De tous les innocents qui meurent en silence,
Dieu leur avait déjà donné le doux sommeil;
Il ajouta le Vin, fils sacré du Soleil.

 Variantes de 1854 *relatives à ce texte de* 1852 :
Str. I, v. 3 : ... quartiers *mornes* et tortueux
Str. V, v. 4 : ... ainsi que les *vrais* rois.
  Autres variantes relatives au texte de 1861 :
Str. II, v. 3. Épreuve de 1857 :
  Et sans *aucun* souci des mouchards *ténébreux*,
Str. IV, v. 3-4. 1857 :
   Le dos martyrisé sous *de hideux* débris,
   Trouble vomissement *du fastueux* Paris,

Page 142.   CVI. LE VIN
      DE L'ASSASSIN

 Novembre 1848, *l'Écho des Marchands de vin.*
Str. I, v. 4. 1857 : Ses *pleurs* me...
Str. VIII, v. 3. 1857 : ... dans ses nuits *turpides*

Page 145. CVIII. LE VIN DES AMANTS

Str. I, v. 2. Épreuve de 1857 :
   Sans *éperons, mors, selle ou* bride,
Str. II, v. 2-3. Épreuve de 1857 :
   L'irrésistible calenture,
   A travers le bleu du matin
 La calenture est un délire dû à l'insolation dans les zones tropicales.
Str. III, v. 1. Épreuve de 1857 :
   Nous laissant emporter sur l'aile

FLEURS DU MAL

Page 146. CIX. LA DESTRUCTION

1er juin 1855, *Revue des Deux Mondes.*
Titre. 1855. *La Volupté.*
Str. III, v. 3. 1855 : Des *steppes* de l'Ennui,

Page 147. CX. UNE MARTYRE

Str. I, v. 4. 1857 : ... à plis *paresseux,*
Str. VII, v. 3-4. 1857 :
    La jarretière, ainsi qu'un œil *vigilant,* flambe
    Et darde un regard diamanté.
Str. X, v. 3. Épreuve de 1857 : ... la taille *pliante*

Page 150. CXII. LES DEUX
BONNES SŒURS

Str. I, v. 2. 1857 :
    Prodigues de baisers, *robustes* de santé,

Page 151. CXIII. LA FONTAINE DE SANG

1852, Manuscrit autographe.
Str. I, v. 2. 1852 : ... aux *tranquilles* sanglots.
Str. III, v. 1. 1852 : ... à des vins *généreux*
— v. 3. 1852 : *Mais* le vin rend *la vue* et...
Str. IV, v. 3. 1852 : ... à ces *ignobles* filles!

CXIV. ALLÉGORIE

V. 3. Épreuve de 1857 : Les *flèches* de l'amour, ...
V. 7. Épreuve de 1857 :
Dans ses *tristes* [ou *cruels*] *ébats* a pourtant...

Page 152. CXV. LA BÉATRICE

V. 23-25. 1857 :
    J'aurais pu — mon orgueil aussi haut que les monts
    Recevrait sans bouger le choc de cent démons*!* —
    Détourner *froidement* ma tête souveraine,

Page 153. CXVI. UN VOYAGE
A CYTHÈRE

1852, Manuscrit autographe.
1er juin 1855, *Revue des Deux Mondes.*
On lit, en marge du manuscrit, cette note de Baudelaire :
« Le point de départ de cette pièce est quelques lignes de

Gérard [de Nerval] *(l'Artiste)* qu'il serait bon de retrouver. »
Il s'agissait du *Voyage à Cythère* paru dans *l'Artiste* des
30 juin et 11 août 1844 : Nerval y rapporte qu'en passant le
long de la côte de Cérigo (l'ancienne Cythère), il aperçut
un gibet à trois branches.
Str. I, v. 1. 1852 :
  Mon cœur comme un oiseau *s'envolait* tout joyeux
   1855 et 1857 :
  Mon cœur *se balançait comme un ange* joyeux,
— v. 4. 1852 :
  Comme un *oiseau qu'enivre* un soleil radieux.
Str. IV, v. 3-4. 1852 et 1855 :
  Où *tous les* cœurs *mortels* en adoration
  Font l'effet de l'encens sur un jardin de roses
Str. VI, v. 2. 1852 et 1855 :
  Où la jeune prêtresse *errant parmi les* fleurs
— v. 4. 1852, 1855 et Épreuve de 1857 :
  Entre-bâillant sa robe *à des* brises *légères* ;
Str. VIII, v. 2-3. 1852 :
  Dévoraient avec rage un pendu déjà mûr,
  Et chacun jusqu'aux yeux plantait son bec impur
Str. IX, v. 3-4. 1852 :
  L'organe de l'amour avait fait leurs délices
  Et les bourreaux l'avaient cruellement châtré.
Str. XI, v. 3. 1852 : ... de tes *anciens* cultes
Str. XII, v. 1. 1852, 1855 et Épreuve de 1857 :
  Pauvre pendu *muet*, tes douleurs sont les miennes!
Str. XV, v. 2. 1852 :
  Qu'un gibet *dégoutant* [sic] où pendait mon image.

Page 156. CXVII. L'AMOUR ET LE CRÂNE

 1er juin 1855, *Revue des Deux Mondes*.
 Cette pièce a été inspirée à Baudelaire par deux gravures
de Goltzius, qui sont au Cabinet des Estampes.
Str. III, v. 1. 1855 : Le globe *miroitant* et frêle

RÉVOLTE

Page 157. CXVIII. LE RENIEMENT
     DE SAINT PIERRE

 1852. Manuscrit autographe.
 1852, octobre, *Revue de Paris*.

Baudelaire avait failli être poursuivi pour la publication
de cette pièce, en 1852; sans doute est-ce la raison pour
laquelle il plaça en tête de la section *Révolte*, en 1857, la
note que voici et qu'il jugeait détestable :

« Parmi les morceaux suivants, le plus caractérisé a déjà
paru dans un des principaux recueils littéraires de Paris, où
il n'a été considéré, du moins par les gens d'esprit, que pour
ce qu'il est véritablement : le pastiche des raisonnements
de l'ignorance et de la fureur. Fidèle à son douloureux pro-
gramme, l'auteur des *Fleurs du Mal* a dû, en parfait comé-
dien, façonner son esprit à tous les sophismes comme à
toutes les corruptions. Cette déclaration candide n'empê-
chera pas sans doute les critiques honnêtes de le ranger parmi
les théologiens de la populace et de l'accuser d'avoir regretté
pour notre Sauveur Jésus-Christ, pour la Victime éternelle
et volontaire, le rôle d'un conquérant, d'un Attila égalitaire
et dévastateur. Plus d'un adressera sans doute au ciel les
actions de grâces habituelles du Pharisien : « Merci, mon Dieu,
qui n'avez pas permis que je fusse semblable à ce poète
infâme! »

Str. I, v. 3. Ms. : Comme un tyran *goinfré* de viandes et...
 Revue de Paris: ... tyran *gonflé* de viandes et...
— v. 4. Ms. : ... de nos *tristes* blasphèmes.
 Revue de Paris: ... de nos *sombres* blasphèmes.
Str. VI, v. 2. Ms. et *Revue de Paris:*
   Où tu *venais* remplir l'éternelle promesse,
— v. 3. Ms. :
   Où tu foulais, [*monté :* biffé] *trônant* sur...

Page *158.*   CXIX. ABEL ET CAÏN

6ᵉ distique, v. 2. Épreuve de 1857 :
   Crient la faim comme un *pauvre* chien.
8ᵉ distique. Épreuve de 1857 :
   Race de Caïn, dans [*un :* biffé] ton antre
   [*Accomplis ton destin final :* biffé]
   Grelotte comme un vieux chacal!
9ᵉ et 10ᵉ distiques. 1857 :
   Race d'Abel, *sans peur* pullule!
   L'argent fait aussi *ses* petits.

   Race de Caïn, *ton cœur brûle;*
   Éteins ces *cruels* appétits.

Page 160. ### CXX. LES LITANIES
DE SATAN

3e distique, v. 2. Épreuve de 1857, 1re version biffée :
> *Puissant consolateur des souffrances* humaines — 1857 :
> *Aimable médecin* des angoisses...

4e distique, v. 1. 1857 :
> Qui, même aux parias, *ces animaux* maudits

6e distique, v. 1. 1857 :
> Toi qui *peux octroyer* ce regard...

8e distique, v. 1. 1857 : ... connaît les *secrets* arsenaux

10e distique, v. 1. 1857 :
> Toi qui *frottes de baume et d'huile* les vieux os

12e distique, 1857 :
> Toi qui *mets ton paraphe*, ô complice subtil,
> Sur le front du *banquier* impitoyable et vil,

13e distique, v. 2. Épreuve de 1857 :
> *Un amour* de la plaie, *un culte* des guenilles,

Prière. Ce sous-titre a été apporté par le texte de 1861

LA MORT

Page 163. ### CXXI. LA MORT DES AMANTS

9 avril 1851, *le Messager de l'Assemblée.*
Str. I, v. 3. 1851 :
> Et *de grandes* fleurs *dans des jardinières,*

Str. III, v. 2-3. 1851 :
> Nous échangerons un *sanglot* unique,
> Et comme un *éclair* tout chargé d'adieux;

Str. IV, v. 1. 1851 : *Jusqu'à ce qu'un ange,* ...
—   v. 2. 1851 :
> *Vienne* ranimer, fidèle et *soigneux,*

Page 164. ### CXXII. LA MORT
DES PAUVRES

1852, Manuscrit autographe.
Titre. 1852 : *La Mort.*
Str. I, v. 1. 1852 et 1857 :
> C'est la Mort qui console *et la Mort* qui fait vivre;
—   v. 3. 1857 : Qui, *divin* élixir...
Str. II, v. 2. 1852 : C'est la *lampe brillante* à...

Page 164.   CXXIII. LA MORT
                           DES ARTISTES

9 avril 1851, *le Messager de l'Assemblée.*
La version de 1851 étant fort différente de celle que Baude-
laire a retenue, la voici *in extenso :*

> Il faut marcher longtemps et par monts et par vaux,
> Broyer bien des cailloux et crever sa monture,
> Pour trouver un asile où la bonne nature
> Invite enfin le cœur à trouver du repos.
>
> Il faut user son corps en d'étranges travaux,
> Pétrir entre ses mains plus d'une fange impure,
> Avant de rencontrer l'idéale figure
> Dont le sombre désir nous remplit de sanglots.
>
> Il en est qui jamais n'ont connu leur idole,
> Et ces sculpteurs maudits et marqués d'un affront,
> Qui vont se déchirant la poitrine et le front,
>
> N'ont plus qu'un seul espoir qui souvent les console,
> C'est que la mort, planant comme un soleil nouveau,
> Fera s'épanouir les fleurs de leur cerveau.

> *Autre variante par rapport au texte de 1861 :*
Str. I, v. 3. 1857 : ... dans le but, mystique *quadrature,*

Page 165.   CXXIV. LA FIN
                           DE LA JOURNÉE

1er janvier 1867, *Revue du XIXe siècle.*
Str. I, v. 1 et 3. En 1867, ils sont intervertis.

Page 166.   CXXV. LE RÊVE
                           D'UN CURIEUX

1860, Deux manuscrits *(A* et *B).*
Titre. A : Le Rêve du Curieux.
Dédicace. A : A M. Félix Nadar.
Str. I, v. 1-2. *A :*
> Connais-tu, comme moi, la douleur savoureuse,
> De toi *dit-on souvent : « Quel* homme singulier ! »*?*
A : version biffée :
> *As-tu connu, dis-moi,* la douleur savoureuse
> Et de toi *dirait-on : « ...*

B :

>   Connais-tu, comme moi, la douleur savoureuse ?
>   De toi *dit-on souvent :* « *Quel* homme singulier! » ?

Str. III, v. 1. *A :* J'étais comme l'*Enfance*, avide...

Baudelaire fut lui-même cet « enfant avide du spectacle » :
cf. *Mon Cœur mis à nu,* XXXIX.

— v. 2. *A :* version biffée : *Et qui hait* le rideau...

— v. 3 et str. IV, v. 1-2. *A :*
Mais voilà qu'une idée étrange me glaça :

> — J'étais mort, ô *miracle,* et la terrible aurore
> *Avait lui...* — « *Quoi, me dis-je alors, ce n'est que ça ?* »

Page 166.   **CXXVI. LE VOYAGE**

15 février 1859, environ, *Placard* imprimé à Honfleur.

C'est en février 1859 que Baudelaire écrivit ce long poème,
« qui est à faire frémir la nature, et surtout les amateurs du
progrès », ainsi qu'il le confiait à Asselineau le 20 février.

Nos références ont trait à chacune des différentes parties.
(Dans le placard, la quatrième partie englobe les divisions IV,
V et VI du texte de 1861 qui ne comportait donc que six par-
ties en 1859.)

IV

Str. II, v. 3. Placard : ... une *envie* inquiète
Str. III, v. 1. Placard : ... les plus *frais* paysages,

VI

Str. II, v. 3. Placard : L'homme, *maître* goulu, ...
Str. III, v. 4. Placard :
       Et le peuple *amateur* du fouet abrutissant;

VII

Str. II, v. 1. Placard : Faut-il *rester? partir? si...*

— v. 4. Placard : ... des [*âmes, Ennuis, martyrs :* ces
      trois variantes successivement biffées] coureurs...
Str. VII, v. 3. Placard, version biffée :
      « Pour *apaiser* ton cœur...

L'Icarie mentionnée à la 3e str. de la IIe partie est une
allusion au *Voyage en Icarie* d'Étienne Cabet, théoricien du
communisme, ouvrage qui connut un grand succès en 1840.

Il semble, d'autre part, que l'émouvant appel sur quoi
s'achève l'avant-dernière partie s'inspire à la fois de la fin

du deuxième chapitre du *Mangeur d'Opium* adapté par Bau-
delaire (Électre et Ann) et d'un passage des *Lotos-Eaters* de
Tennyson (l'*éternelle après-midi* se retrouvera au début du
Joueur généreux, fin du § 1).

LES ÉPAVES

Page 175.   I. LE COUCHER
DU SOLEIL ROMANTIQUE

12 janvier 1862, *le Boulevard.*
Décembre 1866, *Mélanges tirés d'une petite Bibliothèque
romantique* de Ch. Asselineau.
Dans *les Épaves,* le dernier vers renvoyait à la note sui-
vante sur l'exemplaire d'épreuves :
« Le mot : *Genus irritabile vatum,* date de bien des siècles
avant les querelles des Classiques, des Romantiques, des
Réalistes, des Euphuistes, etc... Il est évident que par
l'irrésistible Nuit M. Charles Baudelaire a voulu caractériser
l'état actuel de la littérature, et que les *crapauds imprévus*
et les *froids limaçons* sont les écrivains qui ne sont pas de
son école. »
Titre. Mélanges d'Asselineau : *Soleil couché. Sonnet-Épilogue.*
Str. I, v. 3. 1862 et 1863 : *Heureux encor celui* qui...

Page 176.   II. LESBOS

1850, *les Poëtes de l'Amour,* anthologie de Julien Lemer.
Str. I, v. 4. 1850 : ... et des jours *otieux.*
Str. II, v. 3. 1850. Et qui *vont,* sanglotant...
Str. IX, v. 4. 1850 : Des rires *éclatant* mêlés...
Str. X, v. 2. 1850 : ... à l'œil *fidèle* et sûr,
Str. XII. 1850 :
De la mâle Sapho *qui fut* amante et poëte,
Plus belle que Vénus *dans sa morne pâleur,*
Dont l'œil *bleu ne vaut pas cet* œil noir que tachète
L'orbe mystérieux tracé par *le bonheur.*
De la mâle Sapho *qui fut* amante et poëte.
Str. XIV, v. 5. 1850 et 1857 : De *Sapho* qui mourut...
Str. XV, v. 3. 1850 :
Écoute chaque nuit la *plainte mugissante*

Page 179.   III. FEMMES DAMNÉES

Titre. M. Georges May a montré dans un article des *Modern
Language Notes* (vol. LXV, juin 1950), sur « Diderot,
Baudelaire et les Femmes damnées », ce que cette pièce
devait à *la Religieuse* de Diderot, à laquelle Baudelaire fait
allusion dans le poème qu'il adresse à Sainte-Beuve
vers 1843. Cf. p. 250.
Str. XI, v. 1. Épreuve de 1857 : ... alors, *en relevant la* tête :
Str. XXIV, v. 2. Épreuve de 1857 : ... des miasmes *dangereux*
— v. 3. 1857 et 1864 : *Filent*...

Page 183.   IV. LE LÉTHÉ

Poème sans doute inspiré par Jeanne Duval.
Str. III, v. 2. 1857 :
         Dans un sommeil, *douteux comme* la mort,

Page 184.   · V. A CELLE
              QUI EST TROP GAIE

9 décembre 1852, dans un billet anonyme à Mme Sabatier.
Titre : A *une femme* trop gaie.
Str. II, v. 2 : Est *éclairé* par la santé
Str. III, v. 3 : dans l'*âme* des poëtes
Str. V, v. 2 : mon *agonie*,
Str. VII, v. 3 : Vers les *splendeurs* de ta personne,
Str. IX, v. 1 : Et, *délicieuse* douceur!
— v. 4 : T'infuser mon *sang, ô ma sœur!*
Dans *les Épaves* (1866), ce vers, mais sous la forme sous
laquelle on l'a trouvé dans notre texte, renvoyait à la note
suivante :
« Les juges ont cru découvrir un sens à la fois sangui-
naire et obscène dans les deux dernières stances. La gravité
du Recueil excluait de pareilles *plaisanteries*. Mais *venin*
signifiant spleen ou mélancolie, était une idée trop simple
pour des criminalistes
Que leur interprétation syphilitique leur reste sur la cons-
cience!

(*Note de l'Éditeur.*) »

Page 186.   VII. LES MÉTAMORPHOSES
                   DU VAMPIRE

1852, Manuscrit autographe.
Titre. 1852 : *L'Outre de la Volupté.*

V. 3. 1852 :

> Et *faisant lutiner sa hanche avec* son busc,

V. 5. 1852 : *Oui*, j'ai...

V. 11. 1852 :

> Et je suis *tellement habile* aux voluptés,

V. 12. 1857 : ... en mes bras *veloutés,*

V. 25-26. 1852 :

> *Gisaient* confusément des débris de squelette,
> Qui d'eux-mêmes rendaient le *son* d'une girouette

Page 188. VIII. LE JET D'EAU

8 juillet 1865, *la Petite Revue.*

31 mars 1866, *le Parnasse contemporain.*

Refrain. 1865, variante citée en note :

> La gerbe *d'eau qui berce*
> *Ses* mille fleurs
> *Que la lune traverse*
> *De* ses lueurs
> Tombe comme une *averse*
> De larges pleurs.

Str. II, v. 2. *Parnasse contemporain :*

> Le *vif* éclair des voluptés

— v. 4. 1865, variante indiquée en note :

> Vers les *firmaments* enchantés.

Refrain final, seulement. V. 3. 1865 : Où *la lune bénie*

Page 189. IX. LES YEUX
DE BERTHE

Copie autographe datée : « Bruxelles, 1864 ».

On ignore tout de Berthe. Baudelaire a fait d'elle trois portraits dont l'un, de profil, est accompagné, de part et d'autre, de cette phrase et de cette dédicace, datées : Bruxelles, 1864.

« Comme pendant le dîner je regardais les nuages par la fenêtre ouverte, elle me dit : *Allez-vous bientôt manger votre soupe, sacré marchand de nuages !*

« A une horrible petite folle, souvenir d'un grand fou qui cherchait une fille à adopter, et qui n'avait étudié ni le caractère de Berthe, ni la loi sur l'adoption. »

Si l'on remarque que Prarond faisait des *Yeux de Berthe* une des pièces les plus anciennes des *Fleurs du Mal* et que Berthe fut le nom sous lequel Jeanne Duval joua dans sa jeunesse à la Porte-Saint-Antoine, on peut conclure qu'écrits autour de 1843 pour Jeanne, ces vers furent, vingt ans après, donnés à Berthe, — transfert dont l'histoire de la poésie offre plusieurs exemples.

Page 190. **X. HYMNE**

8 mai 1854, dans une lettre à Mme Sabatier, anonymement.
Str. III, v. 3. 1854 :
> Encensoir *toujours plein* qui fume

Str. V, v. 2-4, 1854 :
> Qui *m'a versé* joie et santé,
> *Salut en la Vie Éternelle,*
> *En l'Éternelle Volupté* !

Page 191. **XI. LES PROMESSES**
D'UN VISAGE

Manuscrit non daté.
Str. III, v. 1. Leçon biffée du ms. : ... nous avons *suscité,*

Page 192. **XII. LE MONSTRE**
ou
LE PARANYMPHE D'UNE NYMPHE MACABRE

Selon Poulet-Malassis, cette pièce appartient au « tout dernier temps » de Baudelaire. Elle est à rapprocher d'*Un Cheval de race (le Spleen de Paris, XXXIX).*
Toutes les variantes sont offertes par le manuscrit.
Str. IV, v. 3. En italique les mots biffés (le vers était faux) :
> Je trouve *je ne sais quels* piments

Str. V, v. 2. Giraumont : nom de plusieurs variétés de courges.
— v. 4. *Les clavicules de Salomon* est le titre d'un livre de magie attribué à Salomon.
Str. X, v. 5. Baudelaire avait d'abord écrit, puis a biffé :
> *(Ta peau velue* a sa douceur!*)*

Str. XIII, v. 4. Note :
« A la célébration de la *Messe noire.* Comme ces poëtes sont superstitieux! *(Note de l'éditeur.)* »
Str. XIV, v. 1. Je suis *très*-diablement...

Page 196. **XIV. VERS POUR LE PORTRAIT**
DE M. HONORÉ DAUMIER

25 et 26 mai 1865, dans deux lettres de Baudelaire à Champfleury, la seconde apportant le texte définitif.
Novembre 1865, *Histoire de la caricature moderne,* par Champfleury.

Dans *les Épaves*, les vers de Baudelaire étaient accompagnés de la note suivante :

« Ces stances ont été faites pour un portrait de M. Daumier gravé d'après le remarquable médaillon de M. Pascal, et reproduit dans le second volume de l'*Histoire de la caricature* de M. Champfleury, où cet écrivain a rendu justice au caricaturiste avec la raison passionnée qui lui est habituelle. *(Note de l'éditeur.)* »

Str. III, v. 3-4. Lettre du 25 mai :

> Sous *le fouet vivant* d'Alecto
> Qui les *déchire et* qui nous glace.

Alecto : une Furie mise en scène par Virgile dans l'*Énéide.*
— Melmoth : le héros du roman du Révérend Maturin.
Str. IV, v. 2. Lettres :

> N'est que la *monstrueuse* charge;

Page 197.   XV. LOLA DE VALENCE

1862, Manuscrit autographe.
Octobre 1863, Eau-forte originale d'après le tableau de Manet; au bas, les vers de Baudelaire.
Dans *les Épaves*, le titre renvoyait à cette note rédigée par Baudelaire :

« Ces vers ont été composés pour servir d'inscription à un merveilleux portrait de mademoiselle Lola, ballérine espagnole, par M. Édouard Manet, qui, comme tous les tableaux du même peintre, a fait esclandre. — La muse de M. Charles Baudelaire est si généralement suspecte, qu'il s'est trouvé des critiques d'estaminet pour dénicher un sens obscène dans le *bijou rose et noir*. Nous croyons, nous, que le poète a voulu simplement dire qu'une beauté, d'un caractère à la fois ténébreux et folâtre, faisait rêver à l'association du *rose* et du *noir. (Note de l'éditeur.)* »

XVI. SUR *LE TASSE EN PRISON*

Février 1844, manuscrit signé Baudelaire-Dufaÿs.
J. Pommier et Cl. Pichois dans leur édition des *Fleurs du Mal* (Club des Libraires de France, 1959) ont précisé les rapports entre ce sonnet et la seule toile de Delacroix qui en a inspiré les deux versions. C'est à la première version, restée manuscrite du vivant de Baudelaire, que sont empruntées les variantes suivantes.
Str. I, v. 1-3 :

Le poëte au cachot, *mal vêtu, mal chaussé*,
Déchirant sous ses pieds un manuscrit *usé*,
Mesure d'un regard que la *démence* enflamme

Str. II, v. 4 :

Et la longue épouvante autour de lui circule.

Tercets :

Ce *triste prisonnier, bilieux et* malsain,
Qui se penche à la voix des songes, dont l'essaim
Tourbillonne, ameuté derrière son oreille,

Ce *rude travailleur, qui toujours lutte et veille*,
Est l'emblème d'une âme, et des rêves futurs,
Que le *Possible enferme* entre ses quatre murs!

Page 198.   XVII. LA VOIX

28 février 1861, *Revue contemporaine.*
1er mars 1862, *l'Artiste.*
31 mars 1866, *le Parnasse contemporain.*

V. 14. 1861 :

A cette belle voix, je dis : Oui, c'est d'alors
1862 :
« *Tout de suite et toujours !* » criai-je. C'est d'alors

V. 18. *Parn. cont. :* ... des *monstres* singuliers,

Page 199.   XVIII. L'IMPRÉVU

25 janvier 1863, *le Boulevard.*
Dans *les Épaves*, la pièce était accompagnée de la note
suivante :

« Ici l'auteur des *Fleurs du Mal* se tourne vers la Vie
Éternelle.

Ça devait finir comme ça.

Observons que, comme tous les nouveaux convertis, il
se montre très-rigoureux et très-fanatique. *(Note de l'édi-*
teur.) »

Dédicace. Le Boulevard : A mon ami J. Barbey d'Aurevilly.
On sait, en effet, que Barbey d'Aurevilly avait conclu son
célèbre article sur *les Fleurs du Mal* par cette phrase : « Après
les Fleurs du Mal, il n'y a plus que deux partis à prendre
pour le poète qui les fit éclore : ou se brûler la cervelle... ou
se faire chrétien! » — Par *l'Imprévu*, Baudelaire répondait
un peu à l'attente du fougueux Barbey.

Str. I, v. 2. Ms. et 1863.

Dit *en étudiant ses* lèvres déjà blanches :

Str. IV, v. 1-2. Ms. et 1863 :

Je connais, mieux que tous, certain voluptueux
Qui bâille [*baille* dans le ms.] *jour et nuit* et... pleure,
Str. VII, v. 2. Note des *Épaves :*
« Voir à propos de la *messe* et de la *fesse,* la *Sorcière,* de
Michelet, la *Monographie du Diable,* de Charles Louandre,
le *Rituel de la haute Magie,* d'Éliphas Lévi, et, en général,
tous les auteurs traitant de la sorcellerie, de la démonologie
et du rit diabolique. *(Note de l'éditeur.)* »
Str. VIII, v. 2. 1863 : ... du maître et qu'avec *moi* l'on triche,
Str. XII, v. 1. Ms. et 1863 :
    De ceux dont le cœur dit : « *Béni* soit ton fouet,

Page 201.   XIX. LA RANÇON

1852, Manuscrit autographe. Baudelaire y avait ajouté,
entre parenthèses, à la table et après le titre, cette apprécia-
tion : « Socialisme mitigé », mention qui s'appliquait en parti-
culier à la cinquième strophe, supprimée lors de l'impression
(strophe qui date nettement le poème des années 1848-1850) :

            Mais pour que rien ne soit jeté,
            Qui serve à payer l'esclavage,
            Elles grossiront l'apanage
            De la commune liberté.

Page 202.   XX. A UNE MALABARAISE

13 décembre 1846, *l'Artiste* (signé Pierre de Fayis).
    Pièce vraisemblablement écrite durant le séjour de Baude-
laire à l'île Maurice, chez les Autard de Bragard. Elle aurait
été inspirée au poète par une Malabaraise, nommée Dorothée,
sœur de lait de l'hôtesse.
Titre. 1846 : A une *Indienne.*
V. 2. 1846 : ... à la plus *fière* blanche;
V. 4-5. 1846 :
    Tes grands yeux *Indiens* sont plus noirs que ta chair.
    Aux *climats* chauds et bleus où ton Dieu t'a fait naître,
V. 12. 1846 : ... de *doux* airs inconnus;
V. 23-24. 1846 :
        Que tu regretterais tes loisirs doux et francs,
        Si le corset brutal *martyrisant* tes flancs
V. 27. 1846 :
    L'œil *errant* et suivant dans nos *vastes* brouillards
V. 28. 1846 : Des cocotiers *natifs* les...
    En 1846, cette poésie se terminait par les six vers suivants
séparés du vers 28 par un blanc :

Amour de l'inconnu, jus de l'antique pomme,
Vieille perdition de la femme et de l'homme,
O curiosité, toujours tu leur feras
Déserter comme font les oiseaux, ces ingrats,
Pour un lointain mirage et des cieux moins prospères,
Le toit qu'ont parfumé les cercueils de leurs pères.

Page 203. **XXI. SUR LES DÉBUTS
D'AMINA BOSCHETTI**

Ce sonnet avait d'abord été publié le 1ᵉʳ octobre 1864, dans
la Vie parisienne — puis dans *la Petite Revue* du 13 mai 1865.
Str. I, v. 2. 1864 : ... c'est du *sanscrit.*
— v. 4. 1865 : Note : « Rue de Bruxelles bien connue. »
Str. III, v. 2. *walse :* graphie normale à l'époque et conforme
à l'origine germanique du mot.

Page 204. **XXII. A M. EUGÈNE FROMENTIN
A PROPOS D'UN IMPORTUN...**

Le manuscrit montre cette dédicace raturée :
« A M. Fromentin,
« (A propos d'un importun qui se disait l'ami de Fromentin,
de Daubigny, de Flahaut, d'Harpignies, de Corot, et de tout
le monde, et qui, bien que je ne l'eusse jamais vu, m'a tenu
à la Taverne du *Globe* [à Bruxelles], pendant trois heures et
demie, à écouter son histoire.) »
Str. IV, v. 4. Oppenordt : ébéniste français d'origine hollan-
daise (1639-1715).
Str. VI, v. 4. Niboyet, qui fit carrière dans la diplomatie, est
l'auteur de nombreux romans moralisateurs.

Page 206. **XXIII. UN CABARET FOLÂTRE**

Str. II, v. 1. Dans *les Épaves*, ce vers était suivi d'un asté-
risque qui renvoyait à cette *Note de l'éditeur:*
« La malice est cousue de fil blanc; tout le monde sait que
M. Monselet fait profession d'aimer à la rage le rose et le
gai. [...] »

**APPORT
DE LA TROISIÈME ÉDITION
DES *FLEURS DU MAL***

Sauf l'unique sonnet *A Théodore de Banville*, toutes les
poésies reproduites sous cette rubrique avaient déjà été

publiées avant d'être recueillies par Asselineau et Banville
dans l'édition posthume des *Fleurs du Mal* (1868).

Nous les laissons dans l'ordre où les ont disposées les édi-
teurs de 1868, à l'exception de l'*Épigraphe pour un livre
condamné* : la numérotation est donc factice. Le texte est
celui de 1868.

Page 210.   III. LE CALUMET DE PAIX

28 février 1861, *Revue contemporaine.*
Ce morceau est la traduction d'une partie de *The Song
of Hiawatha* de Longfellow (Boston, 1855).
Str. I, v. 1 : « Prononcez *Guitchi Manitou.* » (Note de Baude-
laire.)

Page 214.   IV. LA PRIÈRE D'UN PAÏEN

15 septembre 1861, *Revue européenne.*
Str. III, v. 1-2. 1861 :

> Volupté! Sois *encor* ma reine!
> Prends *la forme* d'une sirène

Page 215.   V. LE COUVERCLE

1861, Manuscrit, signé Ch. Baudelaire.
Str. I, v. 4. Ms. : Baudelaire s'est laissé le choix entre *riche,
richard* et *Crésus.*

VI. L'EXAMEN DE MINUIT

1er février 1863, *le Boulevard.*
Cf., dans la deuxième édition des *Fleurs du Mal*, *la Fin
de la Journée* (CXXIV), et, dans *le Spleen de Paris*, *A une
heure du matin* (X).
Dédicace: 1863 : *A tous mes amis.*
Str. II, v. 2. 1863 :

> *De tous les* Dieux le plus *aimable*!

Str. IV, v. 3-5. 1863 :

> *Nous avons,* prêtre de la Lyre,
> *Très lâchement, pour oublier*
> *La beauté* des choses funèbres,

Page 217.   VII. MADRIGAL TRISTE

15 mai 1861, *Revue fantaisiste.*
Str. IV, v. 4. 1861 :

> Et crois que ton *corps* s'illumine

Page 219. IX. LE REBELLE

15 septembre 1861, *Revue européenne.*

Des commentateurs ont rapproché ce sonnet de la fresque d'Eugène Delacroix, à Saint-Sulpice : *Héliodore chassé du temple.*

X. BIEN LOIN D'ICI

1er mars 1864, *Revue nouvelle.*

La Dorothée de cette pièce, qui est aussi celle du *Spleen de Paris* (*la Belle Dorothée*, XXV), ne doit pas être confondue avec la Malabaraise de la pièce XX des *Épaves*; c'est à Bourbon que Baudelaire a connu la première, et à l'île Maurice, la seconde.

Page 220. XI. LE GOUFFRE

1er mars 1862, *l'Artiste.*

Ce sonnet a dû être écrit peu après le singulier avertissement que Baudelaire reçut et qu'il a consigné au premier feuillet de la série *Hygiène* :

« Au moral comme au physique, j'ai toujours eu la sensation du gouffre, non seulement du gouffre du sommeil, mais du gouffre de l'action, du rêve, du souvenir, du désir, du regret, du remords, du beau, du nombre, etc.

J'ai cultivé mon hystérie avec jouissance et terreur. Maintenant j'ai toujours le vertige, et aujourd'hui 23 janvier 1862, j'ai subi un singulier avertissement, j'ai senti passer sur moi *le vent de l'aile de l'imbécillité.* »

En 1862, il portait une dédicace : *A Théophile Gautier.*
Str. III, v. 2. 1862 : *Rempli* de vague horreur,

Page 221. XII. LES PLAINTES D'UN ICARE

28 décembre 1862, *le Boulevard.*
Épigraphe (1862) :

    Full many a gem of purest ray serene
    The dark unfathomed caves of Ocean bear;
    Full many flower is born to blush unseen
    And waste its sweetness on the desert air.

Empruntés à l'*Elegy written in a Country Churchyard*, ces vers, de Thomas Gray, ont été traduits par Baudelaire dans les deux tercets du *Guignon* (*les Fleurs du Mal*, XI).

RELIQUAT DES *FLEURS DU MAL*

Page 225.   I. BRIBES

Le manuscrit de ces fragments de poèmes a sans doute été
abandonné au moment où Baudelaire préparait la seconde
édition des *Fleurs du Mal*, en 1859-1860. On y trouve de
grandes affinités avec plusieurs pièces achevées.

Page 228.   II. PROJETS DE PRÉFACE

C'est pour la deuxième édition des *Fleurs du Mal* (1861),
puis pour la troisième qu'il ne devait pas voir paraître que
Baudelaire voulut composer une préface dans laquelle il
aurait justifié ses intentions, mal comprises au moment du
procès, ou se serait vengé des journalistes qui l'avaient
moqué, ou bien encore aurait, en artiste impeccable, expliqué
ses procédés. Des quatre projets, les deux premiers, ainsi que,
sans doute, le troisième, sont relatifs à l'édition de 1861 ; le
quatrième, à l'édition rêvée mais non réalisée. Aucun n'a été
terminé, ni utilisé.

1. Molière, en raison de *Tartufe*, était devenu avec Béran-
ger l'un des « auteurs favoris du *Siècle* » (*Lettres d'un atrabi-
laire*).

2. Jeu de mots sur le nom du philosophe Edme Caro.

3. Ce paragraphe en notes allusives a été ainsi expliqué
par Jacques Crépet et Georges Blin dans leur édition des
Fleurs du Mal (Librairie José Corti) : en mettant une âme
de son choix en face du décor de la capitale (Paris), Baude-
laire fait jaillir une nouvelle source de poésie. Bien que
l'auteur ait cherché, en se servant de quelques vers d'Agrippa
d'Aubigné (cités en épigraphe dans la première édition), à
éviter la confusion entre le poète et l'homme, seul Barbey
d'Aurevilly a deviné le grand désespoir qui s'exhalait de ces
Fleurs du Mal. Elle est loin, l'époque de la Renaissance où
l'on savait ne pas s'offusquer de la peinture du mal. Le sort
promis aux poètes contemporains est celui de Gérard de
Nerval, le suicide.

Page 231.

1. Baudelaire a imité de très près Gray dans *le Guignon*,
Poe dans *le Flambeau vivant* et *l'Héautontimorouménos*,
Longfellow dans *le Guignon* et sans doute dans *Recueillement*
(voir A. G. Engstrom, « Baudelaire and Longfellow's *Hymn
to the Night* », *Modern Language Notes*, décembre 1959), —
le Calumet de paix, traduction avouée, n'est pas un « pla-

giat » —, Stace dans *l'Invitation au voyage*, Virgile dans *le Cygne*, Eschyle dans *Obsession* et Victor Hugo dans *les Petites Vieilles*.

Page 233.

1. « Vitalité » est écrit au-dessus de « vie » qui n'est pas biffé.

Page 234.

1. Ces témoignages ont été réunis dans l'Appendice de l'édition posthume des *Fleurs du Mal*. Ils se composent de lettres de Sainte-Beuve, d'Astolphe de Custine et d'Émile Deschamps.

III. PROJET D'ÉPILOGUE

Cette ébauche a été publiée par Eugène Crépet en 1887. Elle offre un grand rapport avec les tercets de l'*Épilogue* qu'on trouvera dans *le Spleen de Paris* et qui appartient en réalité aux *Fleurs*.

DOSSIER DES *FLEURS DU MAL*

Page 239. ### NOTES ET DOCUMENTS POUR MON AVOCAT

Ces notes datent de l'été de 1857; elles étaient destinées au défenseur de Baudelaire, Me Chaix d'Est-Ange.

1. Baudelaire a été très frappé par la réponse faite par Balzac (*la Semaine*, 11 octobre 1846) à un article critique du journaliste Hippolyte Castille (même périodique, numéro du 4 octobre précédent).

Page 240.

1. Article d'Édouard Thierry, 14 juillet 1857.

Page 242. ### LE JUGEMENT

Baudelaire fut étonné de la rigueur de ce jugement où il voulut voir un « malentendu ». Dans une lettre à l'Impératrice il demanda la réduction de l'amende qui était particulièrement lourde pour lui.

Page 244.   LETTRE A L'IMPÉRATRICE

A la suite de cette lettre et après bien des tergiversations, le garde des Sceaux fit réduire l'amende de Baudelaire de 300 à 50 francs, vu que le condamné avait « témoigné du repentir ».

POÉSIES DE JEUNESSE

Nous reproduisons ici quelques poèmes de jeunesse que, malgré leur valeur, Baudelaire n'avait pas retenus pour les faire figurer dans *les Fleurs du Mal*. L'exclusion d'*Incompatibilité* peut s'expliquer par la présence d'*Élévation*. *Noble femme au bras fort...* est un fragment.

Page 247.   I. INCOMPATIBILITÉ

Pièce rapportée d'un voyage dans les Pyrénées, fait en 1838.

Page 248.   II. « JE N'AI PAS POUR MAÎTRESSE... »

Ces vers ont été publiés dans *Paris à l'eau-forte* (17 octobre 1875), moins les deux derniers vers de la strophe V et toute la strophe VI, qui furent rétablis lors de la seconde publication, dans *la Jeune France* (janvier-février 1884).

Page 250.   III. A SAINTE-BEUVE
            « TOUS IMBERBES ALORS... »

1843-1845 : manuscrit dans une lettre adressée à Sainte-Beuve signée Baudelaire-Dufaÿs. Voici le texte :

   « Monsieur,

   « Stendhal a dit quelque part — ceci, ou à peu près — : *J'écris pour une dizaine d'Ames que je ne verrai peut-être jamais, mais que j'adore sans les avoir vues.*

   Ces paroles, Monsieur, ne sont-elles pas une excellente excuse pour les importuns, et n'est-il pas clair que tout écrivain est responsable des sympathies qu'il éveille?

   Ces vers ont été faits *pour vous* — et si naïvement — que lorsqu'ils furent achevés, je me suis demandé s'ils ne ressemblaient pas à une impertinence — et si la *personne louée* — n'avait pas le droit de s'offenser de l'éloge. — J'attends que vous daigniez m'en dire votre avis. »

Page 251.

1. Allusion au roman de Diderot. Cf., dans *les Épaves*, la note relative aux *Femmes damnées*.

2. On lit bien « longueurs » dans le manuscrit, quoique le sens appelle plutôt « langueurs ».

3. Allusion au roman de Sainte-Beuve : *Volupté*.

Page 252.   « NOBLE FEMME AU BRAS FORT... »

Vers signés B. D. (Baudelaire-Dufaÿs), écrits au verso d'une feuille d'album dont le recto porte une poésie de Pierre Dupont, datée du 18 octobre 1844, indication qui fournit approximativement la date de ces deux strophes. Fragment.

Page 253.

V. SUR L'ALBUM DE MADAME CHEVALET

Vers publiés dans les *Œuvres posthumes* de 1908. Comme ils évoquent des femmes damnées, il est probable qu'ils forment une strophe d'un poème qui faisait partie des *Fleurs du Mal*, lorsque celles-ci portaient leur premier titre : *Les Lesbiennes* (1845-1847).

Mme Émile Chevalet était la femme d'un collaborateur du journal satirique *le Corsaire-Satan* dans lequel Baudelaire a lui-même écrit de 1845 à 1848.

BIBLIOGRAPHIE

ÉDITIONS CRITIQUES

Œuvres complètes, texte établi et annoté par Y.-G. Le Dantec;
édition révisée, complétée et présentée par Claude Pichois,
Bibliothèque de la Pléiade, Paris, Gallimard, 1971.

Œuvres complètes, « Édition présentée dans l'ordre chrono-
logique et établie sur les textes authentiques avec des
variantes inédites et une annotation originale » [par
Claude Pichois]. Le Club du Meilleur Livre, collection Le
Nombre d'Or, Domaine français, dirigé par S. de Sacy.
Deux volumes (Iconographie à la fin du deuxième), 1955.

Les Fleurs du Mal, texte de la deuxième édition, documents
et bibliographie; édition critique établie par Jacques
Crépet et Georges Blin, refondue par Georges Blin et
Claude Pichois. Paris, Librairie José Corti, 1968. Pour
les commentaires, il convient de se reporter aux premières
éditions procurées, en 1942 et en 1950, par J. Crépet et
G. Blin, chez le même éditeur.

Table 317

Table 319

DU MÊME AUTEUR

Dans la même collection

PETITS POÈMES EN PROSE (Le Spleen de Paris). *Édition présentée et établie par Robert Kopp.*

Ce volume,
le quatre-vingt-cinquième
de la collection Poésie
a été achevé d'imprimer sur les presses
de l'imprimerie Bussière à Saint-Amand (Cher),
le 27 février 1989.
Dépôt légal : février 1989.
1ᵉʳ dépôt légal dans la collection : septembre 1972.
Numéro d'imprimeur : 7552.
ISBN 2-07-031952-0. /Imprimé en France.

45836